AF344695

حرمتِ رسول ﷺ

(مضامین)

مرتبہ:

عادل سہیل ظفر

© Taemeer Publications LLC

Hurmat-e-Rasool (Essays)

by: Adil Sohail Zafar

Edition: August '2024

Publisher :

Taemeer Publications LLC (Michigan, USA / Hyderabad, India)

ISBN 978-93-5872-271-0

© تعمیر پبلی کیشنز

حرمتِ رسول ﷺ (مضامین)	:	کتاب
عادل سہیل ظفر	:	مصنف
اعجاز عبید	:	جمع و ترتیب / تدوین
مذہب	:	صنف
تعمیر پبلی کیشنز (حیدرآباد، انڈیا)	:	ناشر
۲۰۲۴ء	:	سالِ اشاعت
۵۶	:	صفحات
تعمیر ویب ڈیزائن	:	سرورق ڈیزائن

فہرست

(۱) شہیدانِ ناموسِ رسالت ﷺ اور ہمارا کردار   6

(۲) ہم شرمندہ ہیں   14

(۳) رویے میرے حضور ﷺ کے اور اندلس کے یہودی   19

(۴) محمد سب کے ہیں، اور بالیقین ہیں   24

(۵) نہ کٹ مروں جب تک میں خواجہ یثرب کی عزت پر   29

(۶) جن کے لئے دنیا جہنم بن گئی   35

(۷) حرمتِ رسولؐ پہ صد جان سے قربان   48

شہیدان ناموس رسالت ﷺ اور ہمارا کردار

محمد نور الہدیٰ

برصغیر کے شہداء ناموس رسالت میں غازی علم الدین شہید کا تذکرہ زبان زد عام ہے۔ جو صرف اکیس سال کی عمر میں ایک گستاخ رسول کو قتل کر کے قیامت تک آنے والے مسلمانوں کے لئے فخر کا نشان بن گئے۔ ایسا ہی ایک سورج 4 مئی 2006ء کو غازی علم الدین کی راہوں کے راہی عامر چیمہ کی صورت میں طلوع ہوا۔ عالم اسلام پر طلوع ہونے والے اس دن کا سورج ایک انوکھا پیغام لے کر آیا۔ غازی عامر عبدالرحمان چیمہ شہید کا نام اس دن ایک ستارہ بن کر ابھرا۔ جب اس مرد قلندر نے حضرت محمد کی شان اقدس میں گستاخی کرنے والے ڈنمارک کے ایک اخبار کے ایڈیٹر پر قاتلانہ حملہ کر کے اپنے نبی کی ناموس کی حفاظت کے عزم کو پورا کیا۔ اس ”جرم“ کی پاداش میں وہاں کی پولیس نے عامر چیمہ کو گرفتار کر لیا اور تشدد کر کے اسے شہید کر ڈالا۔ غازی علم الدین ثانی بن کر ابھرنے والا یہ عامر عبدالرحمان چیمہ کون تھا؟ .... عامر چیمہ راولپنڈی کے ایک مذہبی خاندان سے تعلق رکھتا تھا اور اپنی تین بہنوں کا اکلوتا بھائی تھا۔ ایک ریٹائرڈ پروفیسر نذیر احمد

چیمہ کے بیٹے اور جرمنی میں ٹیکسٹائل انجینئر کی تعلیم کے لئے مقیم تھے۔ جب گستاخانہ کارٹون تنازع میں انہیں گرفتار کیا گیا تو عامر چیمہ کی تعلیم مکمل ہونے میں صرف دو ماہ رہ گئے تھے مگر انہوں نے اپنی حقیقی منزل پالی تھی۔ وہ ہمیشہ کے لئے امر ہونے اور اصل امتحان میں کامیاب ہونے والے تھے۔ حالانکہ اگر وہ بھی چاہتے تو اس عالم گیر مسئلے پر ہماری طرح محض چند احتجاج کرکے حالات سے سمجھوتہ کرسکتے اور خاموشی اختیار کرسکتے تھے مگر انہوں نے دنیا کے گمان میں مبتلا رہنے کی بجائے آخرت کی فکر کی اور نبی کی حرمت اور عزت و ناموس پر قربان ہونے کو ترجیح دی۔ اللہ تعالیٰ کی عبودیت، دین اور اسلام کی عظمت اور نبی کی حرمت پر اپنے مال و منال اور اپنی جان کو قربان کرنے سے دریغ نہیں کیا۔ اور اس طرح شہید ان ناموس رسالت کی کہکشاں میں ایک اور نئے تابندہ ستارے کا اضافہ ہو گیا۔

آج ہم میں سے کتنے ہیں جو غازی عامر چیمہ شہید کو یاد رکھے ہوئے ہیں۔ عامر چیمہ کو ہمارے ہاں بہت کم لوگ جانتے ہیں۔ ہماری بدقسمتی یہ ہے کہ ہمارے ہاں اپنے حقیقی ہیروز کی بے قدری کی جاتی ہے اور کچھ عرصہ انہیں یاد رکھنے کے بعد بھلا دیا جاتا ہے۔ ہم تو وہ لوگ ہیں جو روز اول ہی سے محسن کش ثابت ہوئے ہیں۔ جن افراد نے ہمارے لئے.... ہماری بقاکے لئے قربانیاں دیں، انہیں ہم کچھ ہی عرصہ یاد رکھنے کے بعد بھلا دیتے ہیں۔

غازی عامر چیمہ کے ساتھ بھی یہی کچھ ہوا۔ دو سال قبل جب انہوں نے

ڈنمارک کے اخبارات میں گستاخانہ خاکے شائع کرنے والے اخبار کے ایڈیٹر کو قتل کرنے کی کوشش کی تو وہاں کی پولیس نے انہیں گرفتار کرلیا اور تشدد کرکے شہید کر ڈالا۔ اس وقت پاکستانی عوام نے اس مردِ مجاہد کے ساتھ بے حد لگاؤ اور محبت کا اظہار کرتے ہوئے انہیں زبردست خراجِ تحسین پیش کیا اور غازی علم الدین ثانی کا لقب دیا۔ عامر چیمہ کے والدین کے ساتھ بہت انسیت کا مظاہرہ کیا گیا۔ دور دور سے عامر چیمہ کے خوش قسمت والدین کی صرف ایک جھلک دیکھنے کے لئے لوگوں نے سفر کیا اور ان کے ہاتھوں اور منہ کو عقیدت کے ساتھ چوم کر اپنے آپ کو دنیا کا خوش قسمت ترین انسان تصور کیا۔ مگر جوں جوں وقت گزرتا گیا لوگ عامر چیمہ کے بھولتے گئے اور آج عامر چیمہ کی شہادت کو صرف دو سال کا عرصہ ہی بیتا ہے لیکن بہت کم لوگ جانتے ہیں کہ عامر چیمہ نے کتنا عظیم کارنامہ سرانجام دے کر پاکستانی قوم کا سر فخر سے بلند کیا۔ ایک دفعہ میں نے ایک دوست پروفیسر سے کہا کہ ان کے ادارے کی لائبریری میں عامر چیمہ کے حوالے سے کتب کا بھی اضافہ ہونا چاہئے تو پوچھنے لگے کہ وہ کون ہے ....؟؟؟ پھر مجھے انہیں یاد دلانا پڑا کہ عامر چیمہ کون تھا۔ اسی طرح ایک مرتبہ عامر چیمہ شہید کی سوانح حیات پر ایک کتاب پڑھ رہا تھا کہ ایک دوست نے استفسار کیا کون سی کتاب پڑھ رہے ہو۔ میں نے جواب دیا عامر چیمہ شہید کے حالاتِ زندگی کے متعلق کتاب ہے تو حیرانی کے ساتھ پوچھنے لگے وہ کون ہے ....؟؟؟ کیا روشن خیالی کی یلغار سے ہماری آنکھیں اس قدر چندھیا گئی ہیں

کہ قوم اپنے شہید بیٹوں کی قدر کرنا بھول جائے؟ یا ہم دنیا داری میں اتنے مگن ہو گئے ہیں کہ اپنے اصلی ہیروز کو بھول جائیں؟ میں یہ سمجھتا ہوں کی میڈیا کو اس حوالے سے کردار ادا کرنے کی ضرورت ہے۔ موجودہ دور میں میڈیا نے پوری دنیا میں ایسا انقلاب برپا کیا ہے کہ یہ تعلیم کا ایک ذریعہ بن گیا ہے۔ ہمارے طالبعلم جو بات کتابوں میں نہیں پاتے وہ میڈیا انہیں ذہن نشین کرا دیتا ہے۔ ہر اہم ایشو اور ہر دن کی اہمیت میڈیا بھرپور طریقے سے باور کراتا ہے۔ ویلنٹائن ڈے، بسنت، یوم مئی اور اہم دن خصوصی پروگرامات کا انعقاد کر کے نئی نسلوں کی ذہنی آبیاری کی جاتی ہے لیکن نجانے کیوں شہید ان ناموس رسالت کے حوالے سے میڈیا نے اپنا فرض ٹھیک طریقے سے ادا نہیں کیا۔ ہماری نئی نسلوں کو تو یہ بھی نہیں معلوم کہ غازی علم الدین شہید کون تھا، ہمارے میڈیا کو بھی غازی علم الدین اور عامر چیمہ کا یوم شہادت یاد نہیں حالانکہ میڈیا کے ذریعے ان شہداء کا تذکرہ عام کر کے قوم کے نوجوانوں کو اپنے ہیرو کے بارے میں بتایا جا سکتا ہے کہ یہ وہ مبارک ذاتیں ہیں صحابہ کے نقش قدم پر چلتے ہوئے شہداء کے اس مشکبو قافلے کے رکن بن گئے جو حرمت رسول کے تحفظ کی خاطر متاع جگر لٹا کر سر خرو ہوئے۔

عامر چیمہ شہید غازی علم الدین کے جانشین اور سچے عاشق رسول تھے۔ اعلیٰ تعلیم کے لئے جرمنی میں مقیم تھے اور ایک روشن اور سہانا مستقبل ان کا منتظر تھا۔ لیکن انہوں نے اپنی زندگی اور تمام خواب سمیٹ کر حضور کے قدموں میں نچھاور

کر دیئے۔ غازی علم الدین کی طرح عامر چیمہ شہید بھی ہمارے ہیرو ہیں اور ان کی زندگی ایک روشن ستارہ بن کر چمکی جو محبان رسول کو راہ دکھا گئی۔ عامر چیمہ تو وہ نوجوان تھا کہ جب جہالت اور تعصب کے گھپ اندھیروں نے روشنی کے میناروں پر جست لگائی .... جب ناپاک ذہنوں نے اپنی خباثت کا اظہار نبی کے متعلق گستاخانہ خاکے شائع کر کے کیا .... جب امت مسلمہ کا ہر فرد تڑپ اٹھا تھا .... جب محمد کی محبت سے سرشار ہر فرد کے دل پر قیامت بیت گئی .... جب مسلم حکمرانوں کو سانپ سونگھ گیا .... جب دو ارب مسلمانوں کے ہوتے ہوئے بھی گستاخان رسول اس روئے زمین پر بڑے فخر سے چل رہے تھے .... ان حالات کے گھپ اندھیروں میں یہ شیر دل نوجوان بجلی بن کر کوندا .... غیرت ایمانی کی ایک ہی کڑک اور تکبیر کے نعرے کی ایک ہی گونج نے گستاخوں کے دل دہلا دیئے اور پوری امت مسلمہ کا فرض ادا کرتے ہوئے تمام تر مصلحتوں کو بالائے طاق رکھتے ہوئے اس نوجوان نے گستاخ رسول کو مزہ چکھا دیا۔ مگر عامر چیمہ سیکورٹی اداروں کے شکنجے میں آ گئے جنہوں نے تشدد کر کے انہیں شہید کر ڈالا اور یوں شہید ان ناموس رسالت کی کہکشاں میں ایک اور نئے تابندہ ستارے کا اضافہ ہوا۔ ایک ایسا ستارہ جس کی ضیاء پاشیوں نے بہت سے دلوں میں حب رسول کی دبی چنگاری کو شعلہ بنا دیا۔ یوں یورپ سے اٹھنے والے توہین رسالت کے طوفان کے آگے اس نوجوان نے اس تنہا بند باندھا اور جان پر کھیل گیا۔

مقام افسوس ہے کہ آج ہمارے نصاب کی کسی بھی کتاب میں یہ بات درج نہیں ہے کہ شہدائے ناموس رسالت ہمارے لئے حب رسول کا معیار اور روشنی کے مینار ہیں کہ جن سے پھوٹنے والی حب رسول کی کرنیں آج بھی بہت سے دلوں کو تاریکی سے روشنی کی طرف لا رہی ہیں۔ یہ ہمارے دلوں میں بستے اور یادوں میں مہکتے ہیں۔ انکا حرمت رسول پر جان دینے کا جذبہ ہر سچے مسلمان کے خون میں زندگی کی حرارت بن کر گردش کرنا چاہئے۔ آج کے طالبعلم کو یہ بات شدت کے ساتھ محسوس کروائے جانے کی ضرورت ہے کہ ناموس رسالت کا مشن دو ارب مسلمانوں کا مشن ہے اور حرمت رسول کے دفاع کے لئے اب یہ ثابت کرنے کی ضرورت ہے کہ مسلمانوں کی نظروں میں حرمت رسول کی حفاظت سے بڑھ کر اور کسی چیز اہمیت نہیں ہونی چاہئے۔ نیز ان شہادتوں سے حب نبی کے تحفظ کے لئے بہنے والے لہو کی آبیاری سے حرمت رسول کی خاطر کٹنے والے سروں کی ایک فصل تاریخ اسلامی میں لہلہا اٹھی اور آج ہمیں تاریخ کا ہر موڑ انہی شہیدان وفا کے لہو سے معطر محسوس ہوتا ہے۔ اور مادہ پرستی کے اس دور میں بھی انہی شہیدوں کے جانشین غازی علم الدین کی شکل میں تو کبھی غازی عبد القیوم اور عامر چیمہ شہید کے روپ میں ابو جہل کے بدبخت پیروکاروں کے لئے موت کا پیغام ہیں۔

آج تاریخ کے یہ جھروکے نصاب تعلیم کی بجائے صرف تاریخ کی کتب تک محدود ہیں کہ حب رسول کا شعلہ ہر دور میں ہر مسلمان کے سینے میں فروزاں رہا

ہے۔ حضرت معاذ اور معوذؓ سے حضرت زیاد بن سکن تک .... حضرت خبیبؓ سے حضرت حبیب بن زید انصاریؓ تک .... حضرت عمر بن عبدالعزیزؓ سے صلاح الدین ایوبیؒ تک .... اور غازی علم الدین شہیدؒ سے غازی عامر عبدالرحمان چیمہ تک .... فدائیانِ ناموس رسالت کی ایک ایسی تابندہ کہکشاں ہے جس پر آسمان کی رفعتیں بھی ناز کرتی ہیں۔ تاریخ اس امر پر شاہد ہے کہ ہر دور میں یہ ستارے امت کے قلب کو منور کرنے کا ذریعہ بنتے رہے ہیں۔ غرض کہ فدائیانِ ناموس رسالت کا ایک گلشن ہے جس کا ہر پھول رنگ و خوشبو میں اپنی مثال آپ ہے۔ آج مغربی تہذیب کی چکا چوند اور ''روشن خیالی'' کے جلوؤں نے جہاں مسلمان نوجوانوں کو اسلام کی پاکیزہ اور باحیاء تہذیب سے بہت دور کر دیا ہے وہاں عامر چیمہ جیسے نوجوان نے جان کی قربانی دے کر ثابت کر دیا ہے کہ روشن خیالی اور مادیت پرستی کی چکا چوند لہروں میں آج بھی مسلم نوجوان تحفظ حرمت رسول کے لئے بیدار ہیں۔ مسلمانوں کی ایسی ہی قربانیوں کا نتیجہ ہے کہ آج کئی مغربی ممالک میں ماہرین نفسیات اس موضوع پر تحقیق کر رہے ہیں کہ آخر اسم محمد میں ایسی کیا خاص بات ہے کہ کوئی بھی مسلمان خواہ کتنا ہی روشن خیال اور اعتدال پسند کیوں نہ ہو شانِ محمد میں ذرہ بھر گستاخی برداشت نہیں کر سکتا حتیٰ کہ اپنا تابناک مستقبل، شاندار کیرئیر اور یہاں تک کہ اپنی جان بھی داؤ پر لگا دیتا ہے۔

عامر چیمہ کریم یوم شہادت کے حوالے سے تاریخوں میں اختلاف ہے۔ عام طبقے کے مطابق ان کا یوم شہادت 4 مئی کو تھا جب انہیں جرمنی کی جیل میں شہید کیا گیا جبکہ

ان کے والدین کے مطابق ان کا یوم شہادت 13 مئی ہے جس روز انہیں سپرد خاک کیا گیا۔ بہر حال یوم شہادت کوئی بھی ہو یہ مہینہ عامر چیمہ کا ہے۔ اس مہینے حکومت کو بھی چاہئے اور وہ تنظیمیں جن کے ساتھ عامر چیمہ منسلک رہے ہیں ان کا تو یہ فرض بنتا ہے کہ عامر چیمہ کی یاد میں تعزیتی سیمینارز کا انعقاد کریں، اور غازی علم الدین کی طرح عامر چیمہ کی قربانی کو بھی زبان زد عام کرنے اور انہیں خراج تحسین پیش کرنے کے لئے اخبارات میں مضامین، فیچرز، اور دیگر مختلف ذرائع سے ان کا کردار آج کے نوجوان کے دلوں میں اتارنے کے لئے خصوصی طرزِ عمل اختیار کریں۔

پس آج ضرورت اس امر کی ہے کہ معاشرے کے نوجوانوں کو عامر چیمہ شہید کی عظیم قربانی سے آگاہ کیا جائے اور غازی علم اولین شہید اور عامر چیمہ شہید سمیت تمام شہیدان ناموس رسالت کے تذکرے تاریخ اور نصابی کتب میں شامل کئے جائیں تاکہ ان کا پیغام معاشرے کے ہر فرد تک پہنچ سکے اور ناموس رسالت کی حفاظت کے لئے ہر فرد اپنی اپنی سطح پر فرائض انجام دے۔

ہم حکومت وقت سے بھی بھرپور مطالبہ کرتے ہیں کہ عامر چیمہ کے لئے اعلیٰ ترین سول و ملٹری اعزازات کا اعلان کرے کہ یہ ان کا حق ہے۔ اس کے علاوہ مسلم ممالک متحد ہو کر اقوام متحدہ پر موثر انداز میں دباؤ ڈال کر توہین انبیا کے انسداد کے لئے قانون سازی کروائیں اور اس سلسلے میں خود بھی ضروری اقدامات کریں۔ یہی وقت کا تقاضا ہے۔

٭٭٭

ہم شرمندہ ہیں
رضوان انس

رگیں تنی ہوئیں، آنکھوں میں آنسو، چہرہ متغیر، مٹھیاں بھنچی ہوئیں، وہ عجب بے چینی کے عالم میں کہہ رہا تھا، "ہمارے ہوتے ہوئے پیارے پیغمبر صلی اللہ علیہ وسلم کی اس قدر گستاخی کہ میرے پیغمبر صلی اللہ علیہ وسلم کے خاکے بنانے پر مقابلوں کا انعقاد کیا جائے گا!! یا خدا! یہ زمین پھٹ کیوں نہیں جاتی کہ اس میں سما جائیں، ڈیڑھ ارب سے زائد مسلمان اور اتنی بے حسی.....!!" وہ جذبات کی شدت سے بولے جا رہا تھا اور یہ شدت ہر مسلمان میں ہونی چاہیے کہ حرمت رسول صلی اللہ علیہ وسلم پر مر مٹنے کا جذبہ ہی تو ایمان ہے۔ حبِ نبی صلی اللہ علیہ وسلم کے بغیر مسلمان کی زندگی تو کتاب کے اس پھٹے ہوئے صفحے کی طرح ہے جو کتاب سے نکل جانے کے بعد اپنے سیاق و سباق سے کٹ کر بے معنی ہو جاتا ہے اور کاغذ کے ایسے ٹکڑے سے زیادہ نہیں رہ جاتا جو ہوا کے رحم و کرم پر ادھر ادھر اڑتا پھرتا ہے۔ ہم تو اسی طرح ماہی بے آب کی طرح تڑپ رہے ہیں مگر کیا خود مغرب کو معلوم بھی ہے کہ وہ کس شخصیت پر طعن کرتے ہیں؟

سیدنا عمر رضی اللہ عنہ مجلس رسول میں بیٹھے تھے، کہنے لگے اے اللہ کے رسول! آپ مجھے ہر چیز سے زیادہ پیارے ہیں لیکن اپنی جان سے زیادہ نہیں! فرمایا: ’’عمر! تب تک ایمان مکمل نہ کر پاؤ گے جب تک مجھے اپنی جان سے زیادہ عزیز نہ پاؤ گے۔‘‘ فکرِ ایمان نے عمر رضی اللہ عنہ کو تڑپا دیا، برجستۃ بولے، (رضیت باللہ ربا وبالاسلام دینا و بمحمد نبیا و رسولا)

ذرا سوچئے! ایک شخص آئے اور وقت کے حکمران کے گلے میں کپڑا ڈال کر زور سے کھینچے اور مال کا مطالبہ کرے اور حکمران بھی ایسا ہو کہ جس کے اشارہ ابرو پر اس کے ساتھی آگ کے دریا عبور کر جائیں، مگر قربان جاؤں کہ وہ اس گستاخی پر بجائے ناراضی کے مسکرا دے اور اس کا مطالبہ پورا کرتے ہوئے اسے مال و متاع سے بھی نوازے۔

وہ شخصیت جسے گلیوں، بازاروں میں گھسیٹا جا رہا ہے، پتھر مارے جا رہے ہیں، آوازے کسے جا رہے ہیں، کوئی پاگل کہتا ہے، کوئی ساحر کہتا ہے، کوئی دیوانہ تو کوئی مجنوں! راہ میں کانٹے بچھائے جاتے ہیں اور کوڑا کرکٹ اس پر پھینکنے کو سعادت سمجھا جاتا ہے مگر جب وہی شخص فاتح بن کر سامنے آتا ہے اور ظلم کرنے والے ہاتھ جوڑے معافی کے خواستگار ہوتے ہیں تو کیا تصور میں آتا ہے کہ ان لوگوں کو معاف کر دیا جائے گا؟ لیکن ہاں! دنیا کی تاریخ میں صرف محمد رسول اللہ صلی اللہ علیہ وسلم ہی ایک ایسی ہستی ہیں کہ جنہوں نے اپنے اوپر کیے ہوئے اپنی قوم کے سارے مظالم

معاف کر دیے۔

حوصلہ کس میں ہے دشمن کو دعا دینے کا

روایت یہ بھی محمد کے گھرانے تک ہے

غالب نے کیا خوب کہا ہے :

غالب ثنائے خواجہ بہ یزداں گزاشتیں

آں ذاتِ پاک مرتبہ داں محمد است

(غالب تو اس کی تعریف کیا کرے گا جس ہستی کی تعریف خود رب کائنات کرتا ہے وہی ذات پاک ہی محمد ﷺ کا صحیح مقام و مرتبہ و مرتبہ جانتی ہے)

یہی تو وہ اوصاف حمیدہ تھے پیارے پیغمبر صلی اللہ علیہ وسلم کے کہ جن سے مرعوب ہو کر غیر بھی توصیفی الفاظ کہنے پر مجبور ہوئے، ذرا اس ہندو شاعر کو تو دیکھیے کہ کس انداز سے نبی کریم صلی اللہ کو خراجِ عقیدت پیش کرتا ہے :

لے کر کے زمیں تا بہ فلک مال کے انبار

دریا سبھی موتی بنیں پارس بنیں کوہسار

اک طرف کھڑے ہوں جو مرے سیدالابرار

پوچھے کوئی پھر، کالا پر شاد سے کیا لے؟

نعلین کفِ پائے نبی سر پر اٹھا لے

اِدھر ایک سکھ شاعر اپنی وابستگی کا اظہار یوں کرتا ہے :

ہو جائے محبت کسی سے کوئی چارہ تو نہیں

صرف مسلم کا محمد ﷺ پہ اجارہ تو نہیں

برطانیہ کی نامی گرامی شخصیت سر ولیم مور رسول اللہ صلی اللہ علیہ وسلم کے بارے میں یوں رقمطراز ہوتی ہے: "بت پرستی اور تاریک توہمات کو ختم کرنے والا، توحید اور رحمت کا تصور دینے والا، ایمان کی بنا پر برادرانہ محبت، یتیموں کی پرورش، غلاموں سے احسان، شراب کی ممانعت، جو کامیابی اسلام نے حاصل کی کسی اور مذہب کو نصیب نہیں ہوئی۔"

ڈاکٹر موڈی وائیڈن اپنے جذبات کا اظہار یوں کرتا ہے: "محمد صلی اللہ علیہ وسلم کے دین نے اس حقیقی آزادی کا اعلان کیا جو انسان کے وہم و گمان سے بلند تھی۔ اسلام کا خدا اتنا بلند و بالا ہے کہ اس کے سامنے دنیا کے تمام افکار اور نظام ہیچ ہیں۔"

مغرب کا نوبل انعام یافتہ عظیم مصنف جارج برنارڈ شار رسول اللہ صلی اللہ علیہ وسلم کی ذاتِ اقدس پر عقیدت کے نذرانے یوں نچھاور کرتا ہے:

"میں نے اس عظیم ہستی کا مطالعہ کیا ہے، حیران کن شخصیت! میری رائے میں محمد صلی اللہ علیہ وسلم کو انسانیت کا نجات دہندہ ماننا چاہیے۔"

تو سنو اے اہل یورپ! اپنے ہی مفکرین کی کہہ مان لو، برنارڈ شا کہتا ہے: "اگر آج محمد صلی اللہ علیہ وسلم جیسا انسان دنیا کی لیڈرشپ سنبھال لے تو زمین امن و مسرت کا گہوارہ بن جائے۔" اور اسی مفکر نے یورپ کے لیے کہا تھا: "کل کا یورپ (یوں

کہیے مغرب) اسلام قبول کرے گا، یہ میری پیشگوئی ہے۔''

آج کے یہ ظالم عیسائی یہودی کیا جانیں رسول اللہ صلی اللہ علیہ وسلم کی عظمت کو! ارے ظالمو کچھ اپنے بڑوں ہی سے ادب سیکھ لو۔ کم ظرف ہمیشہ گری ہوئی حرکت کرتا ہے کہ خود اس کے دامن میں سوائے گند کے کچھ نہیں ہوتا۔ اخلاق سے بے بہرہ، گراوٹ کی پستیوں میں گری ہوئی آج کی اقوام مغرب سے اور توقع بھی کیا کی جاسکتی ہے؟

لیکن اب انھیں جان لینا چاہیے کہ مسلمان ہر دکھ تکلیف کو تو برداشت کر سکتا ہے لیکن کوئی اٹھے اور رسول اللہ صلی اللہ علیہ وسلم کے پاک دامن پر کیچڑ اچھالے اور خاکے بنا کر بے حرمتی کرے یہ قطعاً برداشت نہیں کر سکتا۔ ہمیں چاہیے کہ ہم اپنی مسلمانی کا ثبوت دیں اور ہر فورم پر اپنی آواز، اپنے جذبات پورے زور سے حکومت تک پہنچائیں اور حکومت کو مجبور کریں کہ وہ ان موذیوں کے خلاف محاذ قائم کرے کہ حرمت رسول صلی اللہ علیہ وسلم پر کٹ مرنا ہی عین ایمان ہے۔

٭٭٭

رویے میرے حضور ﷺ کے اور اندلس کے یہودی

امیر حمزہ

امریکا کا ایک یہودی جس کا نام ڈیوڈ ہے۔ اس نے ایک فلم بنائی ہے جس کا آغاز "اندلس" کے مسلمانوں سے کیا گیا ہے۔ میں کمپیوٹر کی سکرین پر امریکا کا ایک پروگرام دیکھ رہا تھا۔ اس پروگرام میں امریکا کا یہ مشہور دانشور، صحافی، فلمساز اور مورخ انٹرویو دیتے ہوئے بولتا چلا رہا تھا، وہ کہہ رہا تھا!

اندلس کے مسلمان انسانیت کے اساتذہ تھے۔ جو سائنسی ترقی انہوں نے کی، سائنسی اداروں کی بنیادیں رکھیں، لائبریریاں بنائیں، کتابیں عام ہوئیں، ریسرچ کی، لیبارٹریاں وجود میں آئیں۔۔۔۔ پھر ایجادات کی دنیا کا اظہار ہوا۔۔۔۔ ڈیوڈ کہتا جا رہا تھا کہ آج کی جدید سائنس کی ساری بنیادیں ہی اندلس کے مسلمانوں نے رکھیں۔

ڈیوڈ بولتا چلا جا رہا تھا۔۔۔۔ مسلمانوں کے رویے بڑے فراخ تھے، وہ حوصلے اور برداشت والے تھے، جس قدر یہودی وہاں پھلے پھولے اس کی مثال اور کہیں نہیں ملتی۔ عیسائیوں کو بھی آزادی حاصل تھی، آج پھر ویسے ہی رویوں کی ضرورت ہے۔

قارئین کرام! ڈیوڈ کی یہ باتیں سن کر مجھے اپنی لکھی ہوئی کتاب "رویے

میرے حضور ﷺ کے'' یاد آگئی۔ اس کتاب کے اردو زبان میں درجنوں ایڈیشن شائع ہو چکے ہیں۔ دسیوں ہزار شائع ہو چکی ہے اور شائع ہوتی جا رہی ہے۔ (بحمد اللہ)

روزنامہ جنگ میں عطاء الحق قاسمی صاحب نے پورا کالم لکھا، نوائے وقت میں ڈاکٹر اجمل نیازی، علامہ اصغر علی کوثر، جناب اسرار بخاری نے لکھا۔ روزنامہ ایکسپریس میں جناب اسد اللہ غالب نے کالم لکھا اور زور دیا کہ اس کتاب کا انگریزی، فرانسیسی، عربی، چینی، ہندی، اسپینی، جاپانی وغیرہ میں ترجمہ ہونا چاہئے ....۔ جناب مجیب الرحمن شامی اور حامد میر صاحب نے خصوصی طور پر کتاب منگوائی۔ جناب طاہر اشرفی نے خصوصی طور پر کتاب منگوائی اور کہا آج کل بیورو کریسی میں یہ کتاب مقبول ہے۔ اس دور کے آئی جی پنجاب جناب شوکت جاوید نے مطالعہ کرنے کے بعد اپنے بیورو کریٹ دوستوں کو کتاب پڑھنے کا مشورہ دیا۔ پنجاب اسمبلی میں علماء کی مجلس تھی، میں بھی موجود تھا، صوبائی وزیر قانون رانا ثناء اللہ خان بھی موجود تھے۔ اجلاس کے بعد کتاب کی بات چل نکلی، پنجاب کے سیکیورٹی چیف آفیسر نے کتاب کا تذکرہ شروع کر دیا، چنانچہ رانا صاحب نے کتاب طلب کی۔ ان کو اور آئی جی پنجاب کو بھی کتاب فراہم کر دی گئی ....۔ سول بیورو کریسی کی طرح فوجی بیورو کریسی میں بھی مقبول ہوئی، علماء نے اس کی تحسین کی، عام لوگوں کے فونوں کے تانتے بندھے رہے ....۔ ان ساری باتوں کے ساتھ ساتھ ایک مطالبہ یہ بھی تھا کہ اس کتاب کا فوراً انگریزی ترجمہ ہونا چاہئے ....۔ بیرون ملک سے اس کی ڈیمانڈ تھی۔ بعض

تاجروں نے کہا ہم یہ کتاب خرید کو انگریزوں کو دینا چاہتے ہیں اور بتلانا چاہتے ہیں ....
اے خاکے بنانے والو! یہ ہیں ہمارے حضور محمد کریم ﷺ .... ذرا پڑھو اور ملاحظہ
کرو آپ ﷺ کے رویے۔

قارئینِ کرام! بحمد اللہ! اس کتاب کا انگریزی میں ترجمہ ہو گیا .... اور اتنا سارا
وقت اس لئے لگا کہ انگریزی کے ایک ماہر نے اسی طرح ترجمہ کیا جو اسلوب اردو
میں اپنایا گیا ہے۔ ترجمہ مکمل ہونے کے بعد کمپوزنگ بھی ہو گئی ہے اور پیسٹنگ ہو کر
پریس میں چھپنے کے لئے تیار ہے۔

اب ہم ڈیوڈ یہودی اور ان جیسے انصاف پسند لوگوں کو یہ کتاب دے کر کہہ
سکتے ہیں کہ مسلمانوں کی جس عظمت، حوصلے، برداشت اور حلم و اخلاق کا تم لوگ
اعتراف کر رہے ہو وہ سارا کچھ جس مرکز و منبع سے پھوٹا ہے وہ مسلمانوں کے انتہائی
محبوب پیغمبر حضرت محمد کریم ﷺ کے رویے ہیں اور یہ رویے اب ہم ساری دنیا
کے سامنے پیش کر کے کہہ سکتے ہیں کہ ان خوبصورت رویوں کے حامل محمد
کریم ﷺ کے خاکے بنانے کی جن لوگوں نے جسارت کی انہوں نے انسانیت کے
چاند کا کچھ نہیں بگاڑا، انہوں نے اپنے منہ پر ہی تھوکا ہے۔

قارئینِ کرام! ڈیوڈ یہودی نے اندلس کی بات کی، بحمد اللہ دارالاندلس کے
عظیم اشاعتی ادارے نے اس کتاب کو تیار کیا ہے۔ دارالاندلس کے مدیر حاجی عثمان
بٹ جو دانشور شخصیت ہیں وہ اس ادارے کے مدیر ہیں جبکہ ریسرچ کے شعبہ کے

مدیر حاجی جاوید الحسن ہیں۔ ان کے ہاتھوں سے خوبصورتی کے مراحل طے کرتے ہوئے اس کتاب کو اب دنیا بھر کے غیر مسلموں تک پہنچانا ہماری ذمہ داری ہے۔

قارئین کرام! آپ یہ کر سکتے ہیں کہ آپ کے جو عزیز اور دوست باہر کی دنیا میں رہتے ہیں، ان کے ہاں اس کتاب کو بھجیں اور امریکہ و کینیڈا، برطانیہ اور آسٹریلیا اور جنوبی افریقہ اور باقی دنیا میں رہنے والوں تک اس تحفہ کو پہنچائیں۔ نہ جانے کہ پیارے حضور ﷺ کی اس سیرت کو پڑھ کر کتنے لوگ مسلمان ہو جائیں....۔ اگر ایک بندہ بھی مسلمان ہو گیا تو حرمت رسول ﷺ کا فریضہ بھی ادا ہو گیا اور آخرت میں بیڑا بھی پار ہو گیا۔ ان شاء اللہ۔

چبرطانیہ کے میڈیا نے انکشاف کیا ہے کہ یورپ میں تیزی کے ساتھ لوگ مسلمان ہو رہے ہیں، خاص طور پر خواتین مسلمان ہو رہی ہیں۔ حال ہی میں ٹونی بلیئر جو اسلام دشمنی میں بش کے بعد دوسرے نمبر پر ہے، اس کی سالی لورین بوتھر نے اسلام قبول کر لیا ہے۔ وہ معروف صحافی بھی ہیں۔ جرمنی کی ایک معروف خاتون مسز لائینے اور یوگا ٹیچر کمیلا نے اسلام قبول کر لیا ہے۔ ذرائع ابلاغ بتلا رہے ہیں کہ چوٹی کی معروف خواتین اسلام قبول کر رہی ہیں۔ ایک رپورٹ کے مطابق جاپان میں 15 ہزار عورتوں نے اسلام قبول کر لیا ہے۔ جرمنی میں پچاس ہزار خواتین اور اسی طرح سارے یورپ میں....۔ آیئے ہم اس رفتار کو اور تیز کریں....۔ پیارے حضور ﷺ کے رویے پھیلا کر اس رفتار میں اتنی تیزی لائیں کہ یہ رفتار اگر آج

سٹرک پر دوڑنے والی ٹریفک کی رفتار ہے تو ہم اس کو فضاؤں میں اڑنے والے جہازوں کی رفتار بنا دیں.... اور پھر موت کے بعد اپنے اللہ کا جب دیدار ہو....اور حضور محمد ﷺ سے ملاقات ہو تو ہماری محنت پر حضور فرما دیں....بقول قائدِ اعظم

محمد علی جناح رحمہ اللہ

ویل ڈن محمد علی

ہاں ہاں! قائدِ اعظم نے اپنی خواہش کا اظہار یوں ہی فرمایا تھا کہ جب اللہ پوچھے گا کہ محمد علی کیا لے کر آئے ہو، میں کہوں گا پاکستان بنا کر آیا ہوں....تب اللہ کہے گا۔

WELL DONE MOHAMMAD ALI

٭٭٭

محمد سب کے ہیں، اور بالیقین ہیں

حیاتِ عبداللہ

اللہ رب العزت کے بعد کائنات کی سب سے افضل اور برتر ہستی حضرت محمد ﷺ ہیں، ان کا جلال و جمال ارفع، ان کا حرف حرف اکمل، ان کی گفتار و کردار مثل انگبیں، بے مثال ان کا اسم مبارک مومنین کے لئے راحت قلب و جاں، ان کا ذکر سکونِ ایمان و ایقان، وہ ایسے ذی قدر، ذی احتشام، ذی شان اور ذی و قار ہیں کہ ان کے قدموں کی خاک بھی منزہ و مطہر ہے۔ وہ ایسے فرخندہ قد، فرخندہ دماغ، فرخندہ زبان اور فرخندہ نظر ہیں کہ سب ان کے سامنے کوتاہ قد، کوتاہ دماغ، کوتاہ زبان اور کوتاہ نظر معلوم ہوتے ہیں، ام معبد کہتی ہیں کہ میں نے ایک ایسا آدمی دیکھا جو رنگت کی چمک دمک اور چہرے کی تابانی لئے ہوئے تھا، دور سے دیکھنے میں سب سے خوبصورت اور قریب سے دیکھنے میں انتہائی جاذب نظر و پر جمال (مستدرک حاکم جلد 3)۔

حضرت جابر بن سمرہؓ بیان کرتے ہیں کہ ایک مرتبہ میں نبی اکرم ﷺ کو سرخ جوڑا پہنے چاندنی رات میں دیکھ رہا تھا، میں کبھی چاند کو دیکھتا اور کبھی آپ کے

چہرہ انور پر نظر ڈالتا بالآخر میں اس نتیجے پر پہنچا کہ نبی اکرم ﷺ چاند سے کہیں زیادہ حسین ہیں۔ (مستدرک حاکم جلد نمبر 4) محمد ﷺ شکل و صورت میں دل ربا، رعنائی و زیبائی میں بے مثل اور انداز از تکلم میں دل نشین اور بے نظیر تھے۔ حضرت انسؓ بیان کرتے ہیں کہ آپ کی ہتھیلی مبارک حریر و دیبا سے بڑھ کر نرم تھی (صحیح مسلم جلد 2)

عیش و نشاط کی صلیب پر لٹکنے والے عیسائیو! دنیا میں کوئی ایک ہی ایسا کھا دو جس کے پسینے کو بھی عطر دان میں رکھا جاتا ہو۔ حضرت ام سلیمؓ آپ کے پسینے کو عطر دان میں رکھتیں۔ حضرت انس نے مرتے وقت وصیت کی کہ میری خوشبو حنوط میں نبی مکرم ﷺ کے پسینے کو ضرور شامل کیا جائے چنانچہ ان کے کفن کو لگانے کے لئے وہی خوشبو استعمال کی گئی، لوگ کہیں گے کہ یہ تو اپنوں کی طرف سے مدح و توصیف ہے۔ واللہ سینکڑوں غیر مسلم مفکر ہیں جو میرے نبی ﷺ کی شان میں رطب اللسان ہوئے۔ برطانیہ کے معروف ادیب تھامس کارلائل نے مانا کہ "اگر محمد ﷺ کا کردار بلند نہ ہوتا تو ان کی قوم ان کو اس طرح جان و دل سے نہ چاہتی"۔ فرنچ پروفیسر سیڈیو نے تسلیم کیا کہ "حضرت محمد ﷺ خاموش طبع، ملنسار اور کثرت کے ساتھ اللہ کا ذکر کرنے والے تھے، انصاف کے معاملے میں حضرت محمد ﷺ کے برابر کوئی نہیں تھا، مساکین سے محبت کرتے، غربا میں رہ کر خوش ہوتے، کسی فقیر کو حقیر نہ جانتے، ہندوؤں کے معروف شاعر ادب ستیاپوری

نے یوں محمد ﷺ کو خراجِ عقیدت کیا.....

محمد ایک فرقے کے نہیں ہیں

محمد سب کے ہیں اور بالیقیں ہیں

ادب لائے نہ کیوں ایمان ان پر

محمد رحمت اللعالمیں ہیں!

مگر قرونِ اولیٰ کے ابولہب اور کعب بن اشرف سے لے کر آج کے کرٹ ویسٹر گارڈ، مولی نورس اور آسیہ نامی پلید اور ملیچھ عورت تک ہر دور میں ایسے کوڑھ مغز جنم لیتے رہے جنہوں نے 'بعد از خدا بزرگ' کی صفت سے متصف اس نبی آخر الزمان کی شان اور عظمت کو گدلانے کی غلیظ جسارت کی، لیکن شاید تاریخ میں کبھی ایسا واقعہ رونما نہ ہوا ہو کہ گستاخِ رسول کا محافظ کوئی کلمہ گو اعلیٰ حکومتی عہدیدار بن گیا ہو، دنیا کی سب سے زیادہ چاہی جانے والی شخصیت کی شانِ اقدس کے خلاف آسیہ نامی عورت نے ہجو کی، گورنر نے فرمایا کہ آسیہ کو سزا نہیں ہوگی، آئیں گورنر صاحب میں آپ کو ایک اور آسیہ سے ملواتا ہوں.....

اس کا نام بھی آسیہ ہے، اس کی عمر صرف نو سال ہے، یہ ایک غریب سبزی فروش کی بیٹی ہے، یہ آسیہ نامی معصوم بچی بہاولنگر کے گاؤں R6-123 میں رہتی ہے مگر اب موت و حیات کی کشمکش میں مبتلا ہسپتال میں پڑی ہے۔ وجہ یہ ہے کہ اس کے ساتھ کسی درندہ صفت شخص نے زیادتی کی ہے، اس کے ماں باپ ہسپتال میں

اس کے بیڈ کے قریب کھڑے آنسو بہا رہے ہیں۔ وہ گورنر جو نبی ﷺ کی گستاخ آسیہ کو بے گناہ ثابت کرنے کے لئے اپنی بیوی اور بیٹی کو لے کر تھانے جا پہنچا۔ وہی گورنر بہاولنگر میں اس معصوم اور مظلوم بچی آسیہ کے زخموں کا درماں کرنے کیوں نہ اپنے خاندان کے ہمراہ گیا۔ گورنر کے دل میں اگر ہمدردی اور غمگساری کے جذبات نے تلاطم برپا کر ہی رکھا ہے تو آیئے! میں آپ کو ایک اور مظلوم خاندان کے متعلق بتاتا ہوں۔ لودھراں کے نواح میں جائیداد کی خاطر ماں بیٹی کو اغوا کے بعد قتل کر کے لاشیں شہر سے دور قبرستان میں گڑھا کھود کر دبا دی گئیں۔ کتے لاشیں نکال کر انہیں بھنبھوڑتے رہے مگر کوئی پرسانِ حال نہیں، جایئے، جناب گورنر اس خاندان کو پرسا دیں، اگر واقعی آپ خود کو نرم دل، نرم مزاج اور حساس سمجھتے ہیں تو آئیں میں آپ کو ضلع خیر پور میں میٹرک کی اس طالبہ سے ملواؤں جس کے ساتھ اس کے تین اساتذہ نے زیادتی کی، اگرچہ عدالت نے مجرموں کو پچیس پچیس سال قید کی سزا سنا دی مگر آپ نے تو اس طالبہ سے ہمدردی کے دو بول بھی نہ بولے۔ گورنر سلمان تاثیر کی ساری محبتیں، شفقتیں اور الفتیں اس شیطان صفت آسیہ کے لئے کیوں ہیں؟ جس نے میرے نبی حضرت محمد ﷺ کی شان کا استہزاء کیا؟ سلمان تاثیر چاہتا ہے کہ توہین رسالت ایکٹ کو جدید تقاضوں سے ہم آہنگ کیا جائے، بھاڑ میں جائیں ایسے جدید تقاضے جن کے لئے قانون توہین رسالت میں ترمیم کی جائے، کیوں نہ جدید تقاضوں کو ہی اس قانون سے ہم آہنگ کیا جائے۔

مغربی چیل، گدھ اور کوے تو کائنات کی سب سے عظیم المرتبت شخصیت کے خاکے بنا کر اپنے اندر چھپی سڑاند کو عیاں کر ہی رہے تھے کہ ہمارے اپنے ملک میں بھی گٹروں کے منہ کھل گئے، ان سے اٹھتی عفونت اور تعفن دل و دماغ میں شدید نفرت اور حقارت پیدا کرنے لگی ہے۔ گورنر چاہے کچھ بھی کہے ان گٹروں کے منہ ضرور بند کئے جائیں گے، نبی صلی اللہ علیہ وسلم کے گستاخوں کو انجام تک ضرور پہنچایا جائے گا۔

(ان شاء اللہ)

٭ ٭ ٭

نہ کٹ مروں جب تک میں خواجہ یثرب کی عزت پر

سیدہ آسیہ گیلانی

بے غیرتی، بد عملی، ناانصافی کی کوکھ سے ہمیشہ خسارہ جنم لیتا ہے احساس خواہ اپنی ذات کے تحفظ کا ہو یا اپنے دین کے تحفظ کا اگر ختم ہو جائے تو کیا انسان زندہ رہ سکتا ہے؟ مقصد حیات کی پہچان نہ رہے، تو وہ زندگی نہیں موت ہے، جانتے ہیں، اصلاح جزے سے کل کی طرف اور بگاڑ کل سے جزی کی طرف منتقل ہوتا ہے۔ گزشتہ سالوں سے توہین رسالت کا مذموم فعل اور بگاڑ جو شروع ہوا، یہ کل 65 ممالک سے ہوتا ہوا 71 اسلامی ممالک کو بھی اپنی لپیٹ میں لے کر اب شہری سطح پر بلکہ ہر جگہ، دیہات، قصبوں تک کو ہڑپ کر چکا ہے اور یہ کوئی حادثاتی واقعہ نہیں بلکہ اسلام کی بڑھتی ہوئی اشاعت اور غلبہ کی روک تھام کے لئے اربوں پاؤنڈ اور ڈالرز جمع کر کے یہ شرارت تیار کی گئی ہے۔ جسے اوپر سے نیچے اور باہر سے اندر سپلائی کیا جا رہا ہے اور یہ منظم عیسائیوں کی تنظیم ہے جس کا سالانہ بجٹ 30 ارب روپے ہے۔ اس شرارت کا اظہار وہ سرور کائنات ﷺ کے توہین آمیز خاکے بنا کر انہیں تعلیمی شعبوں میں شامل کرنے کا منصوبہ بنا کر کرتے ہیں تو کبھی میوزیم میں نمائش کے لئے

رکھنے کا، کبھی اٹلی کا وزیر اعلان کرتا ہے کہ یہ خاکے ہم شرٹس پر بنوا کر خود بھی پہنیں گے اور لوگوں میں بھی تقسیم کریں گے، کبھی بش ڈنمارک حکومت کو شاباش دیتا ہے تو کبھی جیلینڈ پوسٹن اخبار کو ایوارڈ جاری کئے جاتے ہیں۔

توہین رسالت کی مذموم حرکت بنگلہ دیشی تسلیمہ نسرین، ایرانی سلمان رشدی، راج پال، جیریتی ایڈریپ جیلینڈر سے ہوتے ہوئے آسیہ ننکانوی تک پہنچ آئی۔ جی! گواہوں مرضی کے وکیل کی سہولتیں موجود ہونے کے باوجود جرم ثابت ہوا اور یہ کوئی معمولی جرم نہیں بلکہ مسلمانوں کے بنیادی عقیدے اور محبت رسول، خواجہ یثرب کی حرمت کا مسئلہ ہے، ابتداۓ اسلام سے تا حال جو بدبخت اس ملعون حرکت کا مرتکب ہوا ہے، وہ مسلمان ہے یا دوسرا فرد یا تو شمع رسالت کے کسی پروانے کے ہاتھوں واصل جہنم ہوا ہے یا پھر عذاب الٰہی میں مبتلا ہو کر عبرت ناک انجام سے دوچار ہوا ہے۔

بدبخت آسیہ ننکانوی کی سزاۓ موت پر عوام، حکمران سبھی کا امتحان ہے، صدروں، وزیروں، گورنروں سب کے لئے امتحان کی گھڑی ہے، اب امریکی نظام عدل اور اسلامی جمہوریہ پاکستان کے نظام عدل کے مقابلہ کی گھڑی ہے، امریکی عافیہ کو نہیں چھوڑ سکتے تھے یہ ان کے نظام عدل کا فیصلہ تھا، تبھی تو امکان اور شبہ کی بنا پر ہی عالم اسلام کی بے گناہ بیٹی عافیہ کو 86 سال نا کر دہ جرم کی پاداش میں سزائیں سنا دی گئیں، اب مسلمان حکمران اس مجرم عورت کو اس کے ثابت شدہ جرم پر بھی

سزائے موت دے کر یہ ثابت کر دیں کہ اسلام کے عادلانہ قوانین کسی بادشاہ یا صاحب اقتدار طبقہ کے احسان و مہربانی کا نتیجہ نہیں کہ وہ جب چاہے انہیں منسوخ کر دے مسلمانوں کے پاس اللہ کا عطا کردہ جامع، مفصل، اٹل، کبھی نہ بدلنے والا قانون قرآن و سنت کی شکل میں موجود ہے اور اسے کسی جماعت یا حاکم کو ذاتی یا حکومتی مفادات کی خاطر بدلنے، معطل کرنے یا اس کے خلاف کوئی اور قانون وضع کرنے کا کوئی حق حاصل ہی نہیں، نہ یہ قانون عدل کسی قوم، نسل، فرد یا شخصیت کے لئے خصوصی رعایت کا متحمل ہے۔

وہ کتنا نازک اور محتاط موڑ ہے !!! منزل شوق پکار رہی ہے گورنر محترم کیس، اپیل لے کر صدر محترم کے پاس جائیں گے، روشن خیال، آزاد نظریات کے حامل محترم صدر سزا معاف کر دیں گے، منحوس، بدبخت، عیسائیہ عورت کے لئے مغربی ممالک کی طرف سے اڑن کھٹولا آئے گا، ملزمہ پناہ کے لئے پناہ گاہوں اور کمین گاہوں کی طرف اڑ جائے گی، ایک مجرمہ کتنوں کو اللہ کے دربار کا مجرم بنا جائے گی اور اس ایک مجرمہ کے تحفظ کے لئے کتنی این جی اوز، حکمران مسلم اور غیر مسلم مقتدر شخصیات نیم بسمل کی طرح بے چین ہیں کہ اس ناپاک وجود کو جس نے دامن رسالت کو چھونے کی گستاخانہ جسارت کی ہے کسی نہ کسی طرح محفوظ کیا جا سکے۔

عوام کی آنسوؤں میں بھیگی آوازیں، رگوں میں کھولتا خون جو اس ظالم کا کریا کرم کرنے کو رگ رگ اسے ٹکپنے کو بے تاب ہے، اس لئے بے بس اور بے آواز کر

دیا جائے گا کہ یہ ان کے محکوم ہیں اور ان کے غلام ہیں۔

ہاں ٹھیک ہے! یہ متوالے جن کی زبانوں پر اپنے پیارے محبوب کا نام ہے تو ساتھ دل بھی تڑپ کر ہونٹوں پر آ جاتا ہے اگر دنیاوی عدالتوں سے ان کی شنوائی نہ ہو سکی تو ان کا جوش انتقام آنسوؤں کی شکل میں آنکھوں سے رواں ہو جائے گا۔ طوفان غیرت سے دل بوجھل رہیں گے، ہانپتے دل دھڑک دھڑک کر مسل کر رہ جائیں گے۔ مگر ان حکمرانوں کا عدالت خداوندی میں کیا بنے گا؟ جس خدا کی غلامی سے بغاوت کرتے ہوئے انہوں نے عیسائی، یہودی آقاؤں کی غلامیوں کا پاس کیا اور اس حقیقت کو بھول گئے کہ وہ مالک حقیقی کے غلام ہونے کے ساتھ ساتھ اس کی مخلوق بھی ہیں۔

جہاں تک غیر مذاہب اور اقلیتوں کا تعلق ہے اور ان کے ساتھ رواداریوں کا معاملہ ہے تو اسلام دوسرے مذاہب کے بزرگوں عبادت گاہوں اور عقیدوں کا احترام کرنے پر زور دیتا ہے ہر معاشرہ کے فرد کو مذہبی آزادی سے رسومات مذہب ادا کرنے کی اجازت دیتا ہے کسی مسلمان کو کسی مندر، گوردوارے، گرجے، گیتا، گرنتھ یا انجیل کو برا کہنے کی ہرگز اجازت نہیں، اسلام معاشرے میں دادرسی، انصاف جوئی اور عدل و مساوات کے استحکام پر خصوصی توجہ دینے کا حکم دیتا ہے، مگر! مگر! ان سب اصولوں کے ساتھ یہ بھی توقع کرتا ہے کہ دیگر مذاہب کے لوگ بھی اس کو اس کی عظمت کے اعتبار سے اسی قدر عزت و احترام سے دیکھیں۔

زرداری صاحب! اوزیر داخلہ و خارجہ! صاحب معاملہ آسان رہے گا، اگر عمیر بن عدیؓ کو اسوہ بنا کر عصماء بنت مروان کی اس چیلی عیسائیہ کو واصل جہنم کر کے اوباما اور اس کے حواریوں کے سامنے ظاہر کر دیا جائے کہ اللہ اور اس کے رسول کے وضع کردہ قوانین کے سامنے ہم بے بس ہیں، مجھے یقین ہے وہ بھی کہیں گے تم قابل گرفت نہیں ہو، اگر ایسا نہیں بھی ہو گا تو بھی آسمان والا تمہارا تحفظ کرتے ہوئے اعلان فرمائے گا۔

تم پر کچھ بھی مواخذہ نہیں ہے

ہاں! مجھے امید ہے اللہ کی بشارتیں آ جائیں گی کہ جس نے ایسے شخص کو دیکھنا ہے جس نے اللہ اور اس کے رسول کی مدد کی تو ان کو دیکھ لو، ہو سکتا ہے، اللہ اس کے بدلے زندگی کی سیاہ کاریاں معاف فرما دے۔

نماز اچھی، روزہ اچھا، زکوٰۃ اچھی، حج اچھا

مگر میں باوجود اس کے مسلماں ہو نہیں سکتا

نہ کٹ مروں جب تک میں خواجہ یثرب کی عزت پر

خدا شاہد ہے کامل میر ایماں ہو نہیں سکتا

اگر آج ہم لوگ حرمت رسول کے تحفظ کے لئے اپنا کوئی کردار ادا کرنے سے پیچھے رہے تو اللہ خود ان ظالموں سے انتقام لینے پر قادر ہے۔

ہلاکو خاں کے دور میں مرتد سردار جو عیسائی ہو گیا تھا اس کی خوشی میں جشن مناتے ہوئے ایک عیسائی پادری نے امام الانبیاء کی شان اقدس میں سخت ناز یبا اور

ناشائستہ الفاظ کہنے شروع کئے۔ قریب ہی ایک کتاب بند ھا ہوا تھا، وہ بھونکتے ہوئے اس پادری پر اس طرح جھپٹا کہ لوگوں نے اسے مشکل سے چھڑایا، بعد میں شرمندگی دور کرنے کے لئے مکار پادری کہنے لگا کہ کتا میرے ہاتھوں کے اشارے سے مشتعل ہو گیا تھا اب میں اشاروں کے بغیر بات کروں گا۔

اس نے دوبارہ کریہہ الفاظ استعمال کرنا شروع کئے، کتے نے پہلے سے زیادہ زور سے چلاتے ہوئے اپنی زنجیر تڑوا کر شیر کی طرح اس ملعون پادری پر جھپٹا مارا اور اپنے نوک دار دانت اس میں پیوست کر دیئے یہ دیکھ کر بہت سے لوگ مسلمان ہو گئے۔

شریعت اسلامیہ کے تحت مقام رسالت کی تحقیر و توہین بدترین جرم ہے، سیرت کے کسی بھی گوشہ کے بارے میں مزاح کا انداز اختیار کرنا یا آپ کے بارے تنقیص کا رویہ اختیار کرنا کسی غلط یا بری بات کو آپ کی طرف منسوب کرنا، یہ سب حرمت رسول پر حملے ہیں اگر کسی مسلمان ملک میں کوئی مرد یا عورت مسلمان یا غیر مسلم ایسی کوئی بھی حرکت کرتا ہے تو اسلامی حکومت میں اس کا قتل واجب ہے جو اس کے کافر، زندیق اور ملحد ہونے میں شک کرتا ہے، سزا میں ترمیم یا معافی کرتا ہے وہ بھی ایمان سے عاری ہے ایسے شخص کی توبہ بھی قبول نہیں۔

اگر امریکہ بے گناہ عافیہ کو سزا دینے کا مجاز ہے تو پاکستانی عدالتیں مجرمہ آسیہ کو ثابت شدہ جرم پر سزا دینے کا بالکل مجاز ہو سکتا ہے، یہی رواداری اور انصاف کا تقاضا ہے۔ "دیکھنا قافلہ چھوٹنے نہ پائے"

٭٭٭

جن کے لئے دنیا جہنم بن گئی

علی عمران شاہین

گستاخانہ خاکے بنانے والے اور اسلام، قرآن یا نبی آخر الزماں محمد ﷺ کی شان میں گستاخی کرنے والے آج دنیا میں کن حالات سے دوچار ہیں اور کیسی زندگی بسر کر رہے ہیں، چند اقساط میں ہم ایسے ہی بدبختوں کی عبرتناک زندگی کا احوال بیان کریں گے تا کہ سب کو نصیحت ہو۔

گھر کے چار اطراف پولیس تھی.... خفیہ اہلکار سادہ لباس میں گشت پر تھے۔ کھڑکیاں دروازے سب بند تھے۔ آس پاس ہونے والی معمولی حرکات و سکنات کو نوٹ کرنے کے لئے سیکیورٹی کیمرے نصب تھے....گھر کے اندر ایک شخص اپنی پوتی کے ساتھ کھیل رہا تھا....یہ شخص گزشتہ 4 سال سے اس گھر میں چھپ کر بیٹھا ہوا تھا....وہ جہاں بیٹھا تھا اس کے بالکل ساتھ لیٹرین کا دروازہ تھا، وہ زیادہ تر اسی دروازے کے پاس بیٹھتا تھا۔ اچانک اس کے سامنے والی دیوار کی کھڑکی کی تڑاخ سے ٹوٹی، گھر کے اندر بیٹھے شخص کے رونگٹے کھڑے ہو گئے، جسم ڈھیلا اور آنکھیں پتھرانے لگیں، کھڑکی سے ایک سیاہ فام نوجوان نے سر نکالا جس کے ایک ہاتھ میں

کلہاڑی اور دوسرے میں چاقو تھا۔ سیاہ فام نوجوان نے نعرہ تکبیر بلند کیا اور چھلانگ لگائی۔ وہ شخص سمجھ گیا کہ یہ نوجوان اسے قتل کرنے آیا ہے۔ اس نے آؤ دیکھا نہ تاؤ.... اپنے قریب واقع دروازہ کھولا اور لیٹرین میں گھس گیا، یہ جگہ اصل میں بھی لیٹرین ہی تھی لیکن یہ اس گھر کا سب سے مضبوط اور محفوظ مقام بھی تھا۔ اس کا دروازہ بلٹ پروف تھا۔ اسے خاص طور پر محفوظ بنایا اور جدید سہولیات سے آراستہ کیا گیا تھا اور اسے Panic room کا نام دیا گیا تھا۔ اس شخص نے اندر گھستے ہی باہر موجود اور شہر کی پولیس کو فون شروع کر دیئے۔ پولیس اہلکاروں کی بڑی تعداد اندر داخل ہوئی۔ سیاہ فام نوجوان کو دیکھتے ہی انہوں نے زبردست فائرنگ شروع کر دی۔ کئی گولیاں نوجوان کے جسم میں پیوست ہو گئیں اور وہ گر پڑا، اسے اٹھا کر ہسپتال پہنچایا گیا اور سخت پہرہ لگا دیا گیا۔

یہ واقعہ سال رواں کے ماہ جنوری میں ڈنمارک کے دوسرے بڑے شہر aahrus میں پیش آیا جہاں ڈنمارک کا گستاخ خاکہ نویس کرٹ ویسٹ گارڈ رہائش پذیر تھا۔ کرٹ کو حکومت ڈنمارک نے سخت سکیورٹی فراہم کرنے کے ساتھ ساتھ بتایا تھا کہ اسے قتل کرنے کے خواہش مند بچوں اور دیگر اہل خاندان پر کبھی وار نہیں کرتے بلکہ اپنے مخصوص ہدف ہی کو نشانہ بناتے ہیں۔ یہ بات اسے ڈنمارک کی سکیورٹی اور انٹیلی جنس ایجنسی جسے PET کہا جاتا ہے نے بھی بتائی تھی۔ اس لئے اس کی پوتی اکثر اس کے پاس ہی رہتی تھی۔

کرٹ ویسٹ گارڈ ڈنمارک کے ان 12 کارٹونسٹوں میں سے تھا جنہوں نے خاکے بنائے تھے۔ خاکے بنانے والے تمام کارٹونسٹ آج کل اس طرح چوروں کی سی زندگی بسر کر رہے ہیں۔ کرٹ ویسٹ گارڈ کے بارے میں عالمی ذرائع ابلاغ نے بتایا کہ اب اس کی زندگی بالکل بدل کر رہ گئی ہے، وہ زندہ لاش بن گیا ہے۔ حملے کے بعد معروف عالمی برطانوی اخبار گارڈین نے اس کا انٹرویو شائع کیا جس میں اس کے شب و روز کے بارے میں مختصراً بتایا گیا۔ ویسٹ گارڈ کا کہنا تھا کہ جس گھر میں وہ رہتا ہے وہ دیکھنے کو تو عام سا گھر ہے لیکن دراصل یہ Fortress without moat ہے۔ یعنی ایسا قلعہ جس کے گرد بظاہر وہ چوڑی اور گہری خندق موجود نہیں جس میں دشمن کو روکنے کے لئے پانی بھی بھر دیا جاتا ہے۔

چار اطراف سیکیورٹی کیمرے ہیں اور کھڑکیاں دروازے انتہائی مضبوط۔ وہ گھر سے باہر نہیں نکل سکتا، اسے اپنا شیڈول ہر مہینے تبدیل کرنا پڑتا ہے۔ ہر وقت اپنے ساتھ الارم اور اس کے مقام کی نشاندہی کرنے والے آلات "نصب" کرنے پڑتے ہیں جہاں وہ موجود ہوتا ہے۔ پولیس کی گاڑیاں اس کے ساتھ چلتی ہیں۔ خاکے بنانے کے بعد جب ویسٹ گارڈ کے یہ حالات ہوئے تو اس نے کہا تھا کہ اس نے جو خاکہ بنایا ہے وہ مسلمانوں کے نبی حضرت محمد ﷺ کا نہیں بلکہ وہ تو کسی عام انتہا پسند کی شبیہ ہے۔ مثلاً کوئی طالبان جنگجو.... ایسا ہی حال دوسرے خاکوں کا بھی ہے لیکن انہیں the face of Muhammad کی سرخی کے تحت چھاپ دیا گیا تھا جس کی

وجہ اسے یہ بہانہ نہ چل سکا کیونکہ اخبار نے تو مقابلہ ہی گستاخانہ خاکوں کا کرایا تھا۔

ویسٹ گارڈ کا کہنا تھا کہ اس واقعہ کے بعد ڈنمارک کو جن حالات کا سامنا کرنا پڑا وہ دوسری جنگ عظیم کے بعد سب سے بدترین تھے۔ یہ 2007ء کی بات ہے ویسٹ گارڈ اپنی بیوی کے ہمراہ چھٹیاں منانے فرانس جانا چاہتا تھا، وہ مکمل تیاری کے بعد گھر سے نکلنے والے تھے کہ PET نے انہیں کہا کہ ان کی جان کو خطرہ ہے وہ یہاں سے باہر نہ جائیں۔ ویسٹ گارڈ کے الفاظ میں ''اس کے بعد ہمارے ساتھ کیا ہوا....؟ میں نے آسمان تک نہیں دیکھا، ایسے لگا کسی سمندر کی سی گہرائی ہے۔ سب کچھ ٹھنڈا پڑ چکا ہے۔ ذہنی دباؤ ہے....مایوسی کے سخت اندھیرے ہیں۔

یہاں سے ہم ایک چھوٹے ہوٹل (جسے holiday cottage کہا جاتا ہے) سے دوسرے تک منتقل ہوئے تو ہمیں 9 مرتبہ مقامات تبدیل کرنے پڑے، 9 مختلف گاڑیوں میں بار بار سوار ہونا پڑا، ہم کسی جگہ 4 ہفتے سے زیادہ قیام نہیں کر سکے ''۔

ویسٹ گارڈ اب اپنی لائبریری سے بھی دور ہے۔ اس کا اپنا کمرہ اور بیڈ اسے نصیب نہیں، اس کا کہنا ہے کہ وہ بے تحاشہ شراب پیتا ہے اور کوئی رات نہیں گزرتی جب وہ خوب پی کر نہ سوتا ہو۔ اس پر اس کی بیوی بھی اسے کوئی برا بھلا نہیں کہتی، بلکہ اب تو وہ ایک دوسرے سے کہہ رہے ہوتے ہیں کہ ''ہم تو بس قید ہیں ہم یہ بھی نہیں بتا سکتے ہیں کہ ہم نے یہاں کتنا ٹھہرنا ہے اور یہ کہ ہمارے ارد گرد ہو کیا رہا

ہے" ایک دفعہ انہوں نے انتہائی احتیاط سے باہر نکلنے کی کوشش کی۔ باہر پہنچتے ہی اس کی گاڑی کے پاس چار افراد آئے۔ وہ مشرق وسطیٰ کے باشندے لگتے تھے، 2 مرد اور 2 خواتین تھیں، انہوں نے آتے ہی کہا کہ "تم جہنم میں جاؤ گے تم جہنم میں جاؤ گے" اس بات پر پولیس کو بلایا گیا لیکن پولیس کے آتے آتے دیر ہو گئی اور وہ لوگ جا چکے تھے۔ بات یہیں تک نہیں ہے اب تو اس کی بیوی جو چھوٹے بچوں کے ایک kindergarten سکول میں پڑھاتی ہے کو مقامی حکام نے فون کے ذریعے سے منع کر دیا کہ وہ اب سکول نہ جائے، اس کے مطابق "یہ صورت حال انتہائی خوفناک تھی کہ ہمیں معاشرے میں اب کیا سمجھا جا رہا ہے....." بات صرف اسی ایک بڑے حملے کی ہی نہیں اگر اسے اپنے خاندان میں سے کوئی اپنی پارٹی میں بلانا چاہتا ہے تو وہ پہلے انٹیلی جنس کو فون کرتا ہے کہ (کرٹ ویسٹ گارڈ کو) بلانا کیسا رہے گا اور کیا خطرے کا باعث تو نہیں ہو گا "اب وہ صرف پناہ گاہ میں محصور ہے دفتر تک نہیں جا سکتا۔ گارڈین کے نمائندے میرے لوئیس سبوے نے بتایا کہ "جب میں اس سے آخری بار ملا تو اداسی کے گھٹا ٹوپ اندھیروں (melancholy) میں ڈوبا ہوا تھا جو اس کی آنکھوں سے جھلک رہے تھے۔ وہ ناراض تھا اور بغاوت پر آمادہ، اس کا کہنا تھا وہ "بذاتِ خود اپنے آپ کو بہادر انسان نہیں پاتا۔ اگر ملک پر قبضہ ہونے جائے تو میں نہیں سمجھتا کہ مجھے جان بوجھ کر شدید نقصان کرنا چاہئے۔ میں کہیں بھی بیٹھ کر ڈرائنگ بنانا چاہوں گا لیکن موجودہ صورت حال میں تو میں پریشان ہو جاؤں گا، یہ تو

درست نہیں ہے کہ آپ اپنے ملک میں بھی اپنا کام کرتے ہوئے شدید خطرات سے دوچار ہو جائیں۔ میرے ساتھ جو ہو رہا ہے وہ ناقابل برداشت ہے، کیونکہ یہ سب حالات تو مجھے بغاوت پر آمادہ کر رہے ہیں میں تو کم از کم ان سب کا حق دار نہیں تھا۔

ڈنمارک کے کرٹ ویسٹ گارڈ کے متعلق ابھی لکھ کر فارغ ہی ہوا تھا کہ پتہ چلا کہ اس نے جیلینیڈ پوسٹن نامی اخبار چھوڑ دیا ہے اور نوکری ختم کر دی ہے۔ ملعون کارٹونسٹ کا اس سلسلے میں کہنا تھا کہ وہ چاہتا ہے کہ مسلمانوں کے جذبات شاید اسی طرح ٹھنڈے پڑ جائیں او وہ اس کی جاں بخشی کر دیں اور وہ دوبارہ سے عام انسانوں کی سی زندگی گزارنے کے قابل ہو سکے لیکن.... کیا اب ایسا ممکن ہے ....؟ یقیناً نہیں یہ تو اس کا اب خواب ہی ہے جو شاید کبھی پورا نہ ہو گا۔ ہمیں تو یقین ہے کہ اب اس ملعون کو بھی امن و سکون تب ہی ملے گا جب وہ اس نبی مکرم محمد ﷺ کا حکم پڑھ کر ان کا امتی بننے کا اعلان کرے گا اس کی اس نے اپنے طور پر توہین کی کوشش کی تھی (ہمارا تو ایمان ہے کہ نبی مکرم ﷺ کی کافر توہین کرنے میں کامیاب ہو ہی نہیں سکتے) ابھی یہی کچھ سوچ رہا تھا کہ مولانا امیر حمزہ صاحب بتانے لگے کہ ہالینڈ سے تعلق رکھنے والا ایک صحافی ان کے پاس انٹرویو کے لئے آرہا ہے لہذا آپ بھی پاس تشریف رکھیں۔ ہالینڈ کے سب سے بڑے نیوز گروپ GDP کے اس صحافی نے بتایا کہ ان کے ملک کا ایک بڑا سیاستدان جس کا نام ویلڈر ہے نے "فتنہ" نامی فلم بنائی تھی اور اسلام، قرآن اور نبی کریم محمد ﷺ کے بارے میں نازیبا انداز و الفاظ

استعمال کر کے مسلمانوں کے جذبات سے کھلواڑ کیا تھا آج کل شدید مشکلات سے دوچار ہے، اس کے چار اطراف پولیس کا پہرہ رہتا ہے۔ آزادانہ گھوم پھر نہیں سکتا، ہالینڈ میں کسی کو معمولی سے معمولی اسلحہ رکھنے کی اجازت نہیں، ملک دنیا کے پرامن ترین خطوں میں شمار ہوتا ہے لیکن ویلڈر کو محسوس ہوتا ہے جسے موت اس کے ساتھ سائے کی طرح چل رہی ہو۔ اس پر چھوٹے موٹے حملے بھی ہوئے۔ وہ ملک سے باہر جانے سے خوفزدہ ہے۔ روپ بدلتا رہتا ہے....۔ اس کی زندگی انتہائی مشکل ہو چکی ہے، یہیں سے سویڈن کا خیال آیا۔ یہ ملک بھی دنیا کے پرامن ترین ممالک میں شمار ہوتا ہے۔ یہاں بھی اسلحہ کے حوالے سے ہالینڈ کا ہی قانون لاگو ہے۔ اس ملک کے دارالحکومت کا نام سٹاک ہوم ہے، جہاں کی اوپسالا یونیورسٹی میں لارس ولکس نامی شخص کا 11 مئی 2010ء کو خصوصی لیکچر رکھا گیا ہے۔ یہ وہی شخص ہے جس نے 2007ء میں ایک گستاخانہ بنایا تھا اس وقت سے لے کر آج تک اس کے چار اطراف پولیس کے پہرے رہتے ہیں۔ خفیہ ایجنسیاں اس کی خبرگیری رکھتی ہیں۔ یہاں آتے وقت بھی اس کے ساتھ زبردست سیکیورٹی کا اہتمام کیا گیا اور وہ حفاظتی انتظامات کی مکمل کلیئرنس کے بعد یہاں پہنچا تھا۔ اس نے ہال میں پہنچ کر لیکچر کا آغاز کیا ابھی 20 منٹ بیتے تھے کہ اس کی زبان سے ''اسلام'' کا لفظ نکل گیا۔ جس کے ساتھ کوئی توہین آمیز لفظ استعمال کیا گیا تھا اس کے ساتھ ہی پہلی لائن میں بیٹھے ایک شخص نے آؤ دیکھا نہ تاؤ، دیوانہ وار ولکس پر حملہ کر دیا۔ ولکس کے چہرے پر مکا لگا،

چشمہ ٹوٹ گیا، چکرا کر گر پڑا۔ مزید کئی نوجوان اٹھے انہوں نے لاتوں، مکوں اور گھونسوں کی بارش کر دی۔ پولیس کے اہلکار جو تمام ترسازوسامان سے لیس بڑی تعداد میں کھڑے تھے نے مل کر بڑی مشکل سے ولکس کو باہر نکالا، ہجوم قابو میں نہیں آ رہا تھا، پولیس نے آنسو گیس چھوڑنا شروع کی اور ولکس کو بکتر بند گاڑی میں ڈال کر محفوظ مقام کی طرف لے گئی۔ دو روز بعد اسے گھر منتقل کر دیا گیا جہاں پہلے ہی سخت ترین پہرہ لگایا گیا تھا۔ یہاں سکیورٹی کے انتظامات مزید سخت کر دیئے گئے تھے۔ یہاں دو روز ولکس نے جاگتے جاگتے گزار دیتے۔ 16 مئی کی شب اچانک دھماکہ ہوا کہ گھر کی کھڑکیاں ٹوٹیں اور گھر میں آگ لگ گئیں۔ پولیس نے دوڑیں لگا دیں۔ فائر بریگیڈ کو طلب کر کے آگ بجھائی گئی، پتہ چلا کسی نے گھر پر یہ پٹرول بموں سے حملہ کر کے آگ لگا دی تھی۔ سٹاک ہوم کا میڈیا بھی پہنچ گیا، ولکس رو رہا تھا اور کہہ رہا تھا "بلا شک وشبہ اب میں Probably I can't live there any more یہاں مزید کسی صورت نہیں رہ سکتا"۔

ولکس کو اسی وقت یہاں سے غائب کر دیا گیا اور نامعلوم مقام پر منتقل کر دیا گیا۔ یونیورسٹی پر حملہ کرنے والے دو مسلمان گرفتار کر لئے گئے۔ اس سے قبل آئر لینڈ سے بھی چار مسلمانوں جن میں دو خواتین تھیں کو گرفتار کیا گیا تھا جو سب کے سب ولکس پر حملے کی منصوبہ بندی کر رہے تھے۔ مارچ میں ہی ایک امریکی مسلمان جس نے اپنا نام "جہاد جین" رکھا تھا کو بھی ولکس کے قتل کی سازش کے سلسلے میں

گرفتار کیا گیا تھا۔

وہ کس اب تک نامعلوم مقام پر ہے، کسی کو پتہ نہیں وہ کہاں ہے؟ کیا کرتا ہے....؟ اس کے شب و روز کیسے ہیں؟

وہ گھر میں تنہا بیٹھی تھی، 7 ماہ بیت گئے تھے، اس نے کسی انسان سے ملاقات کی نہ اسے آسمان یا کبھی دنیا کو دیکھنے کا موقع ملا۔ وہ کوئی قیدی بھی نہیں تھی۔ نہ اس کو کسی نے نظر بند کیا تھا۔ کہنے کو تو اسے دنیا کے کروڑوں انسان جانتے تھے اسے اس کے مداحوں نے بہت سے ایوارڈ دے رکھے تھے۔ جہاں وہ اپنی خود ہی نظر بندی کئے بیٹھی تھی اس سے نکل کر اگر دوسری دنیا میں پہنچے تو اسے بہت سے لوگ عزت دینے کے لئے تیار تھے لیکن وہ ان عزت دینے والوں کے پاس بھی جانے سے خوفزدہ تھی کیونکہ نجانے ان تک اسے پہنچنے کا موقع بھی ملتا ہے کہ نہیں کیونکہ بے شمار لوگ ایسے تھے جو اس کے خون کے پیاسے تھے اور اسے مار دینا اپنی زندگی کا سب سے بڑا مشن اور مقصد سمجھتے تھے۔ ان سب کے ذہنوں میں یہ بات تھی کہ اگر وہ اس عورت کو مارنے میں کامیاب ہو گئے تو دنیا و آخرت دونوں میں کامیاب ہو جائیں گے۔ اس لئے وہ دنیا کی ہر مشکل و پریشانی کو بالائے طاق رکھے ہوئے تھے۔ یہ خاتون کون تھی ....اس کا نام دنیا میں تسلیمہ نسرین مشہور تھا۔ وہ 25اگست 1962ء کو بنگلہ دیش میں پیدا ہوئی۔ انتہائی ذہن و فطین تھی۔ چند کلاسیں پڑھنے کے بعد ہی تحریر کے میدان میں آ گئی۔ نظم و نثر لکھنا شروع کر دی۔ ناول لکھے، اخبارات میں

مختلف موضوعات پر کالم اور مضامین لکھے اور خوب نام کمایا۔ 1986ء سے 1993ء تک اس کی نصف درجن کتب بھی شائع ہوئیں، لیکن 1993ء میں لکھے ناول "لجا" یعنی "بے شرمی" نے اس کی زندگی بدل دی۔ اس کے ذہن میں یہ فتور آگیا تھا کہ وہ برصغیر میں مسلمانوں اور ہندوؤں کو ایک کر سکتی ہے اور اس کے لئے اسلام پر حملے کرنے چاہئیں تاکہ مسلمان ہندوؤں کی بالادستی تسلیم کر لیں۔ اپنے ناول "لجا" میں اس نے ایک ہندو خاندان کو مسلمانوں کے ظلم و ستم کا نشانہ بنا دکھایا اور مسلمانوں اور اسلام کو ظلم و جابر ثابت کیا اور شعائر اسلامی کو بدلنے کی رائے دی اور نبی مکرم ﷺ کے بارے میں نازیبا الفاظ کہے۔ پھر کیا تھا....۔ اس کے گھر کے باہر ہزاروں لوگ جمع تھے، اس نے پولیس کو پہلے ہی طلب کر رکھا تھا۔ حکومت نے اس کو بڑی مشکل سے بچایا۔ صورتحال جب بگڑنے لگی تو اسے روپ بدل کر انتہائی خفیہ طور پر سویڈن روانہ کر دیا گیا۔ تسلیمہ نے اگلے 10 برس سویڈن اور یورپی ممالک میں چھپتے چھپاتے گزار دیئے۔ کافر دنیا اسکو اس کی جرانت پر اعزازات سے نوازتی اور مسلمانوں کے جذبات سے کھلواڑ کراتی رہی لیکن تسلیمہ کو چین نصیب نہ ہو سکا۔ جنوبی ایشیا کو چھوڑے اسے 10 برس بیت گئے تھے۔ وہ واپس آنا چاہتی تھی لیکن آنہ سکتی تھی۔ چار و ناچار اس نے بھارت آنے کا فیصلہ کیا کیونکہ اسے سب سے بڑی پناہ یہی نظر آئی، کیونکہ بنگلہ دیش حکومت مسلمانوں کے غیظ و غضب کو دیکھتے ہوئے اس کی شہریت منسوخ کرنے پر مجبور ہو گئی تھی اور وہ اب یہاں کبھی نہیں آ سکتی

تھی۔ وہ خفیہ طور پر بھارت منتقل ہو گئی۔ یہ 2004ء کی بات تھی یہاں تین سال انتہائی خاموشی اور خفیہ زندگی گزارتے ہوئے بسر کئے کہ اس دوران میں مسلمانوں کو خبر ہو گئی۔ اس پر اس نے بھی کھل کر سامنے آنے کا فیصلہ کیا اور کئی اخبارات میں مضامین لکھنے شروع کئے، وہ دن رات بھارت کی تعریف کرتی، کلکتہ کو اپنی پہلی گود قرار دیتی، ہندوؤں سے راہ و رسم بڑھاتی لیکن بھارت نے پھر بھی اسے شہریت دینے سے انکار کر دیا اور اسے مرحلہ وار ویزا جاری کرنے کا فیصلہ کیا لیکن کچھ ہی دنوں بعد اس نے ایک بار پھر مسلمانوں اور اسلام کے خلاف کچھ الفاظ لکھ دیئے۔ کلکتہ میں واقع ٹیپو سلطان مسجد کے امام مولانا سید نور الرحمان برکاتی نے اعلان کیا کہ جو اس پر سیاہی پھینکے گا اس کو خصوصی انعام دیا جائے گا۔ اس اعلان نے بھی تسلیمہ کے چھکے چھڑا دیئے لیکن آل انڈیا پرسنل بورڈ نے مارچ 2007ء میں اس کے قتل پر انعام کا اعلان کر دیا۔ تسلیمہ پھر نامعلوم مقام پر منتقل ہو گئی اور ساری دنیا سے پوشیدہ رہ کر زندگی کی سانسیں پوری کرنے لگی۔ اگست 2007ء کو ایک بار بھارتی مسلمانوں کو اندازہ ہوا کہ وہ یہی کہیں چھپی ہوئی ہے کہ کلکتہ میں مسلم علماء نے مشترکہ طور پر ایک مرتبہ پھر اسے ڈھونڈ نکال کر مارنے والے کے لئے منہ مانگے انعام کا اعلان کر دیا۔ ساتھ ہی ساتھ بھارت کو یہ دھمکیاں ملیں کہ اگر تسلیمہ اس ملک میں رہیں تو مجاہدین ہر جگہ حملے کرنے کا حق رکھتے ہیں۔ اس دھمکی کو neo-jihadis کی طرف منسوب کیا گیا جس کا اہتمام بھارتی مسلمانوں کی تنظیم آل انڈیا مائینارٹی فورم نے کیا

تھا صورتحال اس قدر خراب ہوئی کہ شہر میں مسلح افواج متعین کر کے حالات کو قابو کیا گیا۔ تسلیمہ کو کلکتہ سے جے پور پہنچایا گیا۔ بھارتی مسلح افواج کے دستے اس کے ہمراہ تھے لیکن وہاں بھی مسلمانوں نے اس کو قدم نہ رکھنے دیا جس کی وجہ سے وہ نئی دہلی منتقل کرنا پڑی۔ یہاں اسے حکومت ہند نے ایک خفیہ مقام پر رہائش دیدی۔ اسے یہاں سات ماہ تک ساری دنیا سے مکمل طور پر الگ تھلگ اور یکہ و تنہا رہنا پڑا۔ وہ یہاں مختلف امراض کا شکار ہوئی لیکن کوئی علاج کے لئے دستیاب نہ ہوا کیونکہ حکومت کو ڈر تھا کہ کہیں مسیحا ہی اس کا قاتل نہ بن جائے، انتہائی اعتماد کے لوگوں کو علاج کے لئے بلایا جاتا، تنہائی نے اس کے سر کے بال تک اڑا دیئے۔ نیند اڑ گئی دیواروں کو گھورنا اس کا معمول بن گیا کہ اسی دوران میں فرانس سے بھارت کو پیشکش ہوئی کہ وہ اسے اس کے ہاں بھیج سکتا ہے، بھارت سرکار نے اس پر سکون کا سانس لیا اور راتوں رات اسے برطانیہ روانہ کر دیا گیا، جہاں سے اس کی اگلی منزل فرانس تھی کیونکہ اب ایمنسٹی انٹرنیشنل نامی ادارہ بھی اس کی مدد کے لئے میدان میں آ چکا تھا۔ نئی دہلی میں اس کی زندگی اس قدر جہنم بنی کہ اس نے اپنی سوانح حیات کی آخری جلد چھپوانے سے انکار کر دیا اور یہ بھی کہہ دیا کہ میں بہت کچھ لکھ رہی ہوں لیکن اسلام کے متعلق کچھ نہیں لکھ رہی اور نہ لکھ سکتی ہوں کیونکہ اب یہ میرا موضوع نہیں ہے۔ اسے اب یورپ میں دوبارہ رہتے ہوئے سوا دو سال ہو چکے ہیں۔ گزشتہ 16 برس کے عرصہ میں بنگلہ دیش میں اس کے ماں باپ مر گئے لیکن وہ

انکی آخری رسومات میں شرکت کر سکی اور نہ ان کی میت دیکھ سکی۔ جنوبی ایشیا آنے کا اس کا خواب کسی صورت پورا ہوتا نظر نہیں آتا۔ اس کے تمام رشتہ دار اسے برسوں سے چھوڑ چکے ہیں۔ وہ سخت سیکیورٹی کے حصار میں آج کل نیویارک میں مقیم ہے۔ اس نے زندگی میں تین مرتبہ شادی کی لیکن کوئی شادی کامیاب نہ ہو سکی۔ نیویارک میں رہتے ہوئے اس نے اپنا حلیہ تبدیل کر لیا ہے۔ اس کی زندگی جیتے جی ہی اندھیر ہو چکی ہے کیونکہ اس کا کوئی دوست بھی نہیں، ہر کوئی اس کے پاس جاتے یا اپنے پاس بلاتے ڈرتا ہے کہ کہیں موت اسے ہی نہ آئے۔

اسلام کی توہین اور محمد کریم ﷺ کی شان میں گستاخی کی کوشش نے اس کے لئے ساری دنیا کو اندھیر کر دیا ہے اب وہ دن رات "سکون" اور مختلف بیماریوں سے مقابلے کی دوائیں کھا کر زندگی کی سانسیں پوری کر رہی ہے جس پر ہر وقت حملے اور موت کا خطرہ طاری ہے۔

٭ ٭ ٭

حرمتِ رسولؐ پہ صد جان سے قربان

ش م احمد

رواں ماہ کے وسط میں چشمِ فلک نے یاس والم کے ساتھ لاہور میں خونین مظاہرے اور مظاہرین کے خلاف جنگ نما پولیس ایکشن دیکھا۔ ان ناگفتہ مناظر میں ایک جانب عشقِ رسول ﷺ کے دعوے داروں کا حربی کردار متحرک تھا، دوسری جانب پولیس کے چاق و چوبند مسلمانوں کا جنگی کردار۔ خون آشامیاں دیکھ کر مورخ خود سے پوچھ رہا تھا کہ یہ جدید طائف پیرس میں سجا ہے یا لاہور میں؟ یہ سنگ و خشت اور گولیاں گستاخِ رسولؐ فرانسیسی صدر میکرون پر برس رہی ہیں یا اپنے ہی بھائی بند ایک دوسرے کے درپئے آزار ہیں؟ اگر دونوں فریق کلمہ گو ہیں، محمد عربی ﷺ کے اُمتی ہیں، سرورِ کونین ﷺ کے تئیں محبت و احترام سے بہ دل و جان سر شار ہیں، ایک ہی قبلہ و قرآن ماننے والے ہیں تو پھر عبادت و مواخات کے مبارک ماہ میں یہ ایک دوسرے کے خون کے پیاسے کیوں؟ ان میں ظالم کون اور مظلوم کون؟ یہ دو متحارب گروہ دشمنی کی آگ اور منافرت کا دُھواں کیوں اُڑا رہے ہیں؟ اِدھر شدید پتھراؤ، اُدھر گولی باری۔۔۔ مطلب کیا ہے اس کا؟ لاشیں، آگ

زنیاں، ٹریفک خلل پذیر، کئی بے رغمال شدہ پولیس والوں کا زد و کوب ۔۔۔ یہ سب کس صحیفہؑ "عشق" میں درج ہے؟ کیا قرآن کی کتابِ عشق میں درج نہیں کہ اللہ زیادتی کرنے والوں کو پسند نہیں کرتا؟ خطا جس کی بھی ہو کیا رسولِ اسلام ﷺ اس گناہ کبیرہ میں ملوثین کو اپنا اُمتی مانیں گے؟ پھر آپ ﷺ کے حلم و بربّاری سے یہ لڑاکا لوگ کیا مراد لیتے ہیں؟

چوک یتیم خانہ لاہور کے سانحات پر تاریخ ہمیشہ خامہؑ تردیدہ سے پوچھے گی: محمد رسول اللہ کے متوالے عشقِ نبی ﷺ کے نام پر کیونکر دھاما چوکڑی مچا سکتے ہیں؟ ایک مسلم سلطنت کے مسلح دستے ریاستی رِٹ قائم کرنے کے عنوان سے کیونکر اتنے کھٹور ہو سکتے ہیں کہ اپنے ہی بھائیوں کے خلاف ایسی جنگ چھیڑیں جیسے وہ کسی دشمن قوم کو اپنی سرزمین سے مار بھگا رہے ہوں؟ ہے کوئی جواب؟ اگر بالفرض یہ خونین مناظر کرسیِ اقتدار کی چھینا جھپٹی پر، کسی وراثت کی تقسیم پر، کسی سیاسی مقابلہ آرائی پر، کسی انتخابی صف بندی پر دیکھے جاتے تو مار کٹائی کے پیچھے مال و منال اور حرص و ہوس کی کارفرمائی سمجھی جا سکتی مگر یہاں تو معاملہ بالکل بالکل بالکل اُلٹا ہے ، جگ ہنسائی والا معاملہ ۔

اپریل کے مظاہرے تحریک لبیک پاکستان (ٹی ایل پی) نے منظم کیے تھے ۔ یہ لوگ بظاہر تمام حساس اور باضمیر مسلمانوں کا برحق مطالبہ لئے سڑکوں پر اُترے کہ فرانس کے سفیر کو پاکستان سے نکالا جائے کیونکہ اُس ملک کے دریدہ دہن اور خبیث

روح والے صدر میکرون نے ناموسِ رسالت ﷺ پر گزشتہ برس اُنگلی اُٹھانے کا ناقابلِ معافی جرم کیا تھا۔ بلاشبہ حکومت کی طرف سے یہ مطالبہ بلاچوں و چرامانّا عشقِ نبی ﷺ کا ادنیٰ ترین تقاضا تھا۔ اگر پاکستان کو ریاستِ مدینہ میں بدلنے کا خواب دکھانے والے عمران خان کی ٹانگیں اس معمولی مطالبے پر بھی لڑکھڑائیں تو یہ کاہے کی ریاستِ مدینہ ہوئی؟ مسلمانوں کے ایک جنیون مطالبے کے بارے میں حکومت کی ڈانواں ڈول پالیسی پر تحریک لبیک کا بیخ پاہونا قابلِ فہم تھا مگر ان کا تشدد پر اُتر آنا اور جوابی تشدد کو دعوت دینا کوئی دانش مندی نہ تھی۔ عقل کہتی ہے کہ حکومت نے اس مطالبے کے بارے میں تحریک سے جو تحریری معاہدہ کیا تھا، اس کے عین مطابق فرانسیسی سفیر کو اسلام آباد سے فارغ کیا جاتا، اللہ اللہ خیر صلا۔ بجائے اس کے حکومت نے پہلے طویل تاخیر سے ایل پی ٹی کا غصہ جگایا، پھر احتجاجی کارکنوں پر بندوقیں تان لیں، پھر انسدادِ دہشت گردی قانون کے تحت بیک جنبش قلم تنظیم کو کالعدم قرار دیا، آخر پر تحریک کے قائد سے جیل میں مذاکرات کا سلسلہ شروع کیا۔ کیا اسے سیاسی بصیرت کہیں گے؟

یہ ایک بدیہی حقیقت ہے کہ پیغمبرِ اسلام ﷺ کے ساتھ محبت اور احترام میں عرب و عجم کے تمام باعمل و بے عمل، نیک و بد مسلمان قربان ہونا اپنی خوش بختی سمجھتے ہیں۔ پاکستان کی وفاقی حکومت اس جگہ ظاہر تاریخی حقیقت سے نابلد نہیں ہو سکتی۔ اسے غازی شہید علم الدین (۱۹۰۸ـ۱۹۲۹) جیسے ترکھان لڑکے کی

ادائے عشق کی علمیت بھی ضرور ہوگی۔ پوچھا جاسکتا ہے کہ کیا یہ وزیراعظم پاکستان نہ تھے جنہوں نے پہلی بار اقوام متحدہ کی جنرل اسمبلی میں اسلاموفوبیا کو بہ بانگِ دہل مسترد کر کے اپنی جرأتِ ایمانی اور بصیرتِ مسلمانی کا سکہ بٹھایا اور اعلان کیا کہ رسول اللہ ﷺ کے ساتھ مسلمانوں کی مستقل محبت و عقیدت زمان و مکان کی قید سے بالاتر ہے، اس پر کوئی سمجھوتہ خواب و خیال میں بھی نہیں سوچا جاسکتا؟ افسوس جب اُن کے لئے اپنے ان سنہرے لفظوں میں عمل کی روح پھونکنے کی چھوٹا سا موقع آیا تو آئیں بائیں شائیں کرتے رہے۔

یہاں تحریک لبیک پاکستان کے بارے میں ایک مختصر تعارف موزوں رہے گا۔ تحریک لبیک پاکستان ایک مذہبی اور سیاسی جماعت ہے۔ اس کے بانی مرحوم خادم حسین رضوی (۱۹۶۶۔۲۰۲۰) تھے۔ آپ پاکستان میں بریلوی مکتبۂ فکر کے ایک ہر دلعزیز مبلغ اور شعلہ بیان مقرر ہونے کے علاوہ تحفظ ناموسِ رسالتؐ کے حوالے سے کافی حساس، سنجیدہ اور فعال رہے۔ آپ کی شعلہ بیانیاں اس کی گواہ ہیں۔ اپنے جوشِ خطابت سے آپ سامعین کے دلوں کو عشق رسول ﷺ سے گرمانے کے فن سے آگاہ تھے۔ آپ کا وعظ و تبلیغ سرورِ کونین صلی اللہ علیہ و سلم کے تئیں عشق و وارفتگی میں غرق ہوتا۔ آپ کی زبانی علامہ اقبال کے انقلاب آفریں اشعار سننے کا اپنا مزا تھا۔ لفظ لفظ سے مجلس کا لہو گرمانا، محبت النبی ﷺ میں دل و جان پگھلانا، اہانتِ اسلام کے مجرموں کی خوب خوب خبر لینا، حکومت پر جرأت مندانہ تنقید کے

تیر چلانا، یہ اُن کی وہ چند اداۓ دلبرانہ تھیں جن کے لیۓ انہیں ہمیشہ یاد رکھا جاۓ گا۔

ماہ نومبر ۲۰۲۰ میں اپنی موت سے کچھ دن قبل علامہ خادم حسین نے فرانس کے ایک بدنام زماں جریدے میں شائع دل آزار خاکوں کی اشاعت پر شورِ محشر بپا کیا۔ان قابلِ نفرین خاکوں کے دفاع میں فرانسیسی صدر میکرون نے مغرب کے نام نہاد آزادیٔ اظہار کی دہائی دی۔ اس کی گفتنی گستاخانِ رسول صلی اللہ علیہ وسلم کے شانے تھتھپانے کے مترادف تھی۔اس پر علامہ مرحوم تلملا اُٹھے۔

بے شک میکرون کی باتوں سے اسلاموفوبیا کے موذی مرض میں مبتلا عناصر کی سرکاری سرپرستی کا اشارہ ملتا تھا۔ علامہ نے اس کے ردِعمل میں نومبر ۲۰۲۰ کی ٹھٹھرتی سردی کے باوجود تین تک فیض آباد میں بڑا دھرنا دیا تھا جس سے شہر کی نبضیں رُک گئی تھیں۔ اگرچہ علامہ کی طبیعت ٹھیک نہیں تھی لیکن عشق رسول ﷺ کے گہرے جذبہ سے

وہ مسلسل سٹرک پر کارکنوں سمیت دھرنے پر بیٹھے رہیں۔ انہیں عوام کی بے پناہ حمایت حاصل تھی کیونکہ ناموسِ رسالت ﷺ کا عاشقانہ تحفظ ہر دور میں تمامی مسلمانوں کے لئے موت و حیات کا مسئلہ رہا ہے، اس لئے حکومت کے لئے دھرنا ایک اہم سیاسی مسئلہ بنا تھا۔ علامہ مرحوم وزیرِاعظم پاکستان سے برحق مطالبہ کر رہے تھے کہ صدر میکرون کی دریدہ دہنی کا فوری نوٹس لے کر اسلام آباد سے

فرانسیسی سفیر کو فارغ کیا جائے تا کہ اہانتِ رسول ﷺ کے مرتکب تمام مجرموں کو پیغام ملے کہ مسلمان اتنے گئے گزرے نہیں کہ آل و اولاد اور جان ومال سے پیارے نبی ﷺ کی شانِ اقدس میں کوئی اہانت ٹھنڈے پیٹوں برداشت کریں۔ وہ چاہتے تھے کہ اس بار اہانتِ پیغمبر ﷺ کے مرتکبین کے خلاف کچھ ٹھوس کر کے حکومت سینہ سپر ہو۔ حکومت نے بھی اس مطالبے کی نفی نہ کی بلکہ وقت کے وزیر داخلہ اعجاز شاہ اور وزیر مذہبی اُمور نورالحق قادری پر مشتمل ٹیم تشکیل دے کر علامہ مرحوم کے ساتھ مذکرات شروع کئے۔ گفت وشنید کے نتیجے میں بعد طرفین میں ایک تحریری معاہدہ طے پایا۔ معاہدے کے مطابق فرانسیسی سفیر کو ملک بدر کرنے کے ضمن میں ایک قرارداد قومی پارلیمان میں تین ماہ کے اندر پیش کی جانی تھی مگر افسوس کہ حکومت لیت ولعل سے کام لیتی رہی۔ اب خرابیٔ بسیار کے بعد اس وقت قومی اسمبلی کے خصوصی اجلاس میں یہ قرارداد زیر بحث ہے۔ حکومت اس موضوع پر تمام پارلیمانی جماعتوں کے اجماع کے لئے کوشاں ہے۔

سالِ رفتہ کے ماہ نومبر میں معاہدہ ہونے کے بعد حرکت قلب بند ہوئی اور علامہ خادم حسین کی موت واقع ہوئی۔ شاید حکومت کو ان کی موت سے وعدہ فراموشی کا بہانہ ملا مگر تحریک لبیک صورت حال تاڑ رہی تھی اور اندر ہی اندر حکومت کے خلاف اس کے غم و غصے کا لاوا پکتا رہا۔ اس دوران وفاقی کابینہ میں ردوبدل ہوئی اور شیخ رشید احمد کو وزارتِ داخلہ ملی۔ نیا وزارتی قلمدان سنبھالتے ہی

موصوف نے وزیر برائے مذہبی امور کے ہمراہ علامہ مرحوم کے فرزند اور ٹی ایل پی کے نئے سربراہ حافظ سعد رضوی کے ساتھ فروری 2020ء کو طے شدہ تحریری معاہدہ عملانے کے لئے مزید دوماہ کی مہلت مانگی۔ یہ مہلت 20 اپریل کو ختم ہونی تھی مگر حکومتی طرزِ عمل ٹال مٹول والا لگ رہا تھا۔ اسی پس منظر میں سعد رضوی نے رواں ماہ کی 20 تاریخ کو اسلام آباد لانگ مارچ کی کال دے ڈالی۔ یہ اس امر کا بلیغ اشارہ تھا کہ تحریک تسلیم شدہ مطالبہ منوانے کے لئے اپنا رخ کڑا کر رہی ہے۔ حکومت کو بھی اپنی جگہ محسوس ہوا کہ اپوزیشن ڈی پی ایم کی ناکام ایجی ٹیشن کے بعد اب ٹی ایل پی کی "اسلام آباد چلو" اس کے لئے دردِ سر بننے والی ہے۔ تاہم اس نے زمینی حقائق کا ادراک کئے بغیر ہی سعد رضوی کو "امنِ عامہ کے مفاد میں" گرفتار کر ڈالا۔ اس عاجلانہ اور غیر دانش مندانہ اقدام نے جلتی پر تیل کا کام کرنا تھا، سو کیا تحریک لبیک پاکستان (ٹی پی ایل) سعد رضوی کی گرفتاری پر مشتعل ہوئی، اس کے سراپا احتجاج کارکن آناً فاناً اسلام آباد، راولپنڈی، لاہور، کراچی میں سڑکوں پر اُتر آئے۔ جا بجا مظاہروں کا ریلا اُمڈ آیا، لبیک لبیک، ہائے ہائے کے نعروں سے ایک بڑا سیاسی ارتعاش پیدا ہوا۔ مظاہرین نے جگہ جگہ مصروف سڑکیں، شاہرائیں، گلی کوچے بند کر دیئے۔ جا بجا پولیس پر خشت باری، دکانیں مقفل، بازار سنسان، ضروری خدمات مفلوج، امن و امان درہم برہم، پولیس اہل کاروں سمیت عام شہریوں کی ہلاکت، سینکڑوں زخمیوں کی قطاریں۔۔۔ یعنی کربلا کا ایکشن ری پلے۔

غرض طرفین اپنے خون تشنہ حرکات سے خود اپنی مسلمانیت پر سوالیہ نشان لگاتے رہے ۔

ڈمیج کنٹرول کے لئے وزیرِ اعظم نے قوم سے بروقت خطاب کیا۔ انہوں نے اعلان کیا کہ میرے اور ٹی ایل پی کے مقاصد تحفظِ ناموسِ رسالت ﷺ کے حوالے سے ایک جیسے ہیں مگر ہمارے طریقہءِ کار میں فرق ہے ۔ یہ گلہ بھی بجا تھا کہ اپنے گھر میں آگ لگانے سے فرانس کا کچھ نہیں بگڑتا۔ ساتھ ہی دو باتیں بھی اور کہہ گئے کہ مغرب میں گستاخیٔ رسول جیسے سنگین جرم سے اُمت کو نجات دلانے کے لئے پچاس مسلم ملکوں کے شانہ بشانہ متحدہ آواز کے ساتھ آگے بڑھا جائے گا۔ اس کے لئے انٹرنیشنل کورٹ آف جسٹس سے بھی رجوع کیا جا سکتا ہے تا کہ جیسے یہودیوں نے ہولوکاسٹ کے تذکرے پر پابندی لگوا دی ہے ،اسی طرح ناموسِ رسالت ﷺ پر عالمی ضمانت حاصل کی جائے۔ البتہ فرانسیسی سفیر کی ملک بدری کے حوالے سے انہوں نے خدشہ ظاہر کیا کہ اس کے بدلے میں پورپین یونین ہمارے ساتھ اقتصادی بائیکاٹ کرے گا ، جس سے ہماری ٹیکسٹائیل انڈسٹری کا بُرا احال ہو گا اور ملک کو شدید اقتصادی مسائل کا سامنا ہو گا۔ یہ آخری بات وزیرِ اعظم کی لڑکھڑاتی سوچ کا تاثر اُبھارتی ہے۔ دنیا جانتی ہے کہ نام نہاد مسلم بلاک کے حکمران کرۂ ارض پر ایک بھاری بھر کم بوجھ سے زیادہ کچھ بھی نہیں۔۔۔ یہ ایک منقسم گھرانہ یا ایک ایسا مجموعہ ءِ اضداد ہے جو نا اتفاقیوں ، نفرتوں اور ہوسِ اقتدار میں

ڈوب کر مغرب کا زر خرید غلام ہونے پر قانع ہے۔ ان سے حرمتِ رسول ﷺ کے تحفظ کی توقع رکھنا آگ سے پانی نچوڑنا جیسا ہے۔

جہاں تک ناموسِ رسالت ﷺ کے مقابلے میں معاشی خسارے کا تعلق ہے، تو اس بارے میں عمران خان کو اول مکہ معظمہ میں اپنے گھر بار، عیش و آرام، تجارتیں، رشتہ داریاں چھوڑ کر کو مدینہ منورہ کی طرف ایک غیر یقینی مستقبل کے ساتھ خطرات اور خالی ہاتھ لئے مہاجرین کا مطالعہ از سرِ نو کرنا چاہیے، دوم اُنہیں خلیفہ ٔ دوم حضرت ابو بکر صدیق رضی اللہ تعالیٰ عنہ کی سیرت پر بھی غور کرنا چاہیے جنہوں نے اپنے گھر کا سارا مال واسباب دربارِ رسالت ﷺ میں پیش کرنے کی عاشقانہ رِیت قائم کی، سوم اُنہیں فی زمانہ سپر پاور امریکہ سے نبرد آزما بے خانماں افغان طالبان کی تحریک خاص کر ملا عمر کی سیاسی زندگی کا جائزہ لینا چاہیے تو وہ سمجھ جائیں گے کہ علامہ نے یہ کیوں کہا

وہ فاقہ کش کہ موت سے ڈرتا نہیں ذرا

روحِ محمدؐ اس کے بدن سے نکال دو

***